곽재식의

속절없이 빠져드는

화학
전쟁사

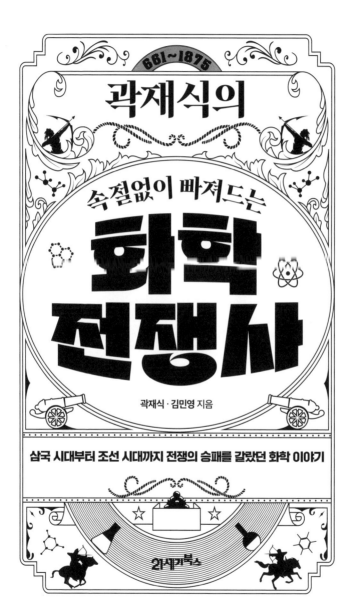

661~1875

곽재식의

속절없이 빠져드는

화학
전쟁사

곽재식 · 김민영 지음

삼국 시대부터 조선 시대까지 전쟁의 승패를 갈랐던 화학 이야기

21세기북스

프롤로그

화학은 우리 생활에서 가장 익숙한 과학이다. 과학자를 보여줄 때 만화에서 자주 나오는 장면이 실험실에서 뭔가 보글보글 끓이면서 화학 실험을 하는 모습이니 이것은 널리 인정될 만한 생각이 아닐까. 또한 우리가 삶을 살면서 먹고 살기 위해 고민하는 대부분의 현실 문제는 화학 문제다. 석유 가격이 올라 휘발유 가격도 오른다는데, 석유가 왜 중요한지, 석유로 어떻게 휘발유를 만드는지도 화학 문제이며 반도체를 만들어 수출한다거나 병을 치료하는 새로운 약이 나왔다고 하는 첨단기술도 결국은 화학 문제와 관련이 깊다. 반도체 재료를 무슨 약품으로 가공해서 만드는지가 화학 문제이고, 약을 어떻게 만들고 그것이 몸에 들어가면 어떤 화학 반응을 일으키기에 몸의 망가진 곳을 고치는 역할을 하는지가 화학 연구의 결과다.

그런 만큼 역사 속에서 일어난 많은 변화도 크게 보면 화학과 관련이 깊은 경우가 허다하다. 근현대로 들어와 우리나라에서 어떤 산업이 발달했고, 어떤 기술 때문에 변화가 일어났느냐를 따지다 보면 결국 화학 분야의 기술 발전이 원인인 경우가 대부분이고, 과학의 시대와는 관련이 없어 보이는 고대와 중세의 역사적 사건조차 그 배경에 화학을 바탕으로 한 해석이 곁들여지면 문제를 잘 이해할 수 있는 경우도 대단히 많다. 작은 문제로는 궁중 암투에서 누가 사약을 받았다거나 독살을 당했다고 하면 도대체 사약이나 독약에 어떤 성분이 들었기에 사람의 목숨을 빼앗을 수 있는가를 생각해 볼 수 있을 것이고, 큰 문제로는 땅의 토질에서 무슨 성분이 부족해졌기에 작물이 잘 자라지 못해 전국에서 큰 흉년을 맞이하게 되었는가 하는 에도 생각해 볼 수 있을 것이다.

역사에서 가장 치열한 다툼인 전쟁과 연관된 문제도 화학과 관련이 깊은 이야기들이 많다. 그래서 이 책에서는 화학이 얼마나 다양한 문제와 연결되어 있는지를 보다 생생한 이야기로 설명하기 위해, 역사 속 전쟁이 어떤 화학 문제와 관련이 있는지를 풀이해 보고자 했다. 그렇기 때문에 이 책에서는 다른 책에서는 비교적 덜 다루는 관점에서 화학과 전쟁의 관계를 설명하고자 노력해 보았다. 이 책에서 다루는 내용이 아니라, 화학사에서 중요하게 꼽는, 더 중요하고 잘 알려진 사건이 전쟁과 연결되는 경우도 많다. 하지만 거창한 문제가 아니라도 사람의 삶은 언제나 화학과 깊은 관련이 있을 수밖에 없다는 점을 짚기 위한 주제를 따로 선정했다.

책 내용은 2023년 인생명강 프로그램에서 진행한 강의를 바탕으로 김민영 작가님이 작성한 것이다. 이 때문에 나혼자 썼다면 쓸 수 없는 책을 마무리하게 된 것 같다. 그런 만큼 이야기를 시작하기 전에 우선 이 작가님께 감사의 말을 전하고자 한다.

2024년 1월

곽재식

차례

1장 삼국 통일을 이끈 포차의 화학

2장 후백제 견훤의 기병대를 이끈 화학

1장

삼국 통일을 이끈
포차의 함함

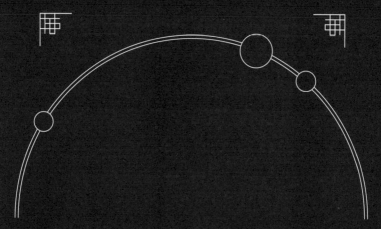

예를 들면 서기 558년에 나마 신득이라는 이가 포노를 만들어서 바쳤다는 기록으로, '나마'는 신라의 벼슬 이름이다. 신라 시대 17관등 중 11등급에 해당하며 실무를 관리하는 일을 했다고 한다. 이 관직은 진골이나 육두품 외에 오두품도 맡을 수 있는 관직이었다. 나마 신득이 바친 '포노'에서 '포'는 돌을 던지는 기계를 뜻하며 '노'는 쇠뇌라고 부르는 장치로 화살을 쏘는 데 도움을 주는 기계 장치를 말한다.

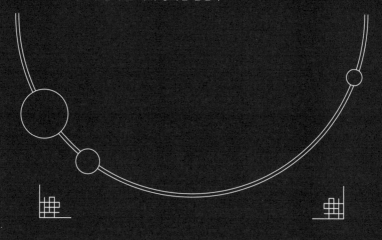

1

한반도 역사 속
투석기

전쟁이나 무기에 관심이 있는 사람이라면 "현대 전쟁은 화학이 결정한다"라는 말에 쉽게 공감할 것이다. 첨단 무기를 만들기 위한 각종 소재나 고성능 폭약을 만들기 위한 물질도 결국 화학 연구의 결과라는 점을 쉽게 예상할 수 있기 때문이다. 하다못해 모든 장비를 움직이기 위한 연료도 화학 공업의 산물이며 육군 훈련소에서 가장 기억에 남는 훈련으로 기억되기 마련인 화생방 훈련에서 '화'가 의미하는 바도 화학 무기라는 뜻이다.

시간을 거슬러 올라가 역사 속의 전쟁을 살펴봐도 전쟁과 화학의 관계는 명확하다. 청동기 시대에는 청동검을 만들기 위해 돌에서 금속을 뽑아내 가공하기 위한 화학 지식이 필요했고, 고려 시대에 화약이 등장한 이후로는 화학 연구 결과 그 자체라고 할 수 있는 화약의 품질이 결국 전쟁의 승패를 결정했다. 근대 이후로는 아예 독가스 같은 화학 무기를 전쟁에서 활용했고, 레이더를 피하기 위한 스텔스 도료를 만드는 기술이나 방탄복을 만드는 재료를 개발하는 기술도 화학의 산물이니 시대를 막론하고 화학은 전쟁과 직결되는 과학 분야다.

그러니 화학과 전쟁의 연결은 조금만 역사에 관심이 있는 사람이라면 자주 접해 보았을 만한 주제다. 실제로 화학과 역사와의 관계에 대한 자료를 찾아보면, 금속을 뽑아내서 가공하는 이야기, 화약을 만드는 기술 이야기, 화학 무기 이야기 등등을 매우 자주 볼 수 있다. 그렇다면 조금 덜 알려졌지만 화학과 관련이 깊다고 볼 수 있는 조금 낯선 이야기는 더 없을까?

나는 투석기에 대해 한번 이야기해 보고 싶다. 한국 역사 속 전쟁을 생각할 때 투석기를 먼저 떠올리는 사람은 많지는 않지 싶다. 아마 투석기라고 하면 외국의 역사 드라마나 판타지 영화에서 자주 등장하는 거대한 돌을 던지는 기계를 먼저 떠올릴 것이다. 대개 한쪽에다 돌을 실어놓고 다른 한쪽에서 장치를 움직이면 어떤 힘을 이용해 돌을 멀리 던지는 형태를 가지고 있다. 불덩이 같은 것을 던지기도 하고 만화나 코미디 영화를 보면 돌을 놓는 자리에 사람이 앉아 있다가 날아가는 장면도 종종 나온다. 이런 돌 던지는 기계를 이용해 성벽을 무너뜨리거나 성벽을 넘어가 싸우는 장면을 자주 볼 수 있었다.

의외로 우리나라 사극에서는 돌 던지는 기계, 즉 투석기가 자주 나오지는 않았던 것 같다. 물론 아예 없지는 않을 것이다. 많은 제작비를 들인 대하 사극에서는 가끔 투석기로 돌을 던지는 전투 장면이 나오기는 한다. 보통 사극을 보면 시청자의 시선을 끌기 위해 1, 2편에 제작비를 많이 들여서 웅장한 장면을 보여준다. 수많은 병사가 너른 평원에 모여 대치하다가 치열하게 싸우는 전쟁 장면이나 엑스트라가 많이 나오는 장면을 보여주고 다음 편에서 주인공이 절체절명의 상황을 맞이한다. 그다음 편에서는 갑자기 과거를 회상하며 어린 시절로 돌아가 본격적인 이야기가 진행된다. 이런 대하 사극에서 제작비를 많이 들인 1, 2편에 투석기를 쓰는 장면을 넣기도 했다.

곰곰이 생각해 보면 우리나라 사극은 주로 조선 시대를 배경으로 한다. 조선 시대는 현대와 가장 가까운 왕조이면서 이야깃거리도 많고, 이야깃거리가 많은 만큼 자료도 풍부하고, 자료가 풍부한 만큼 작가나 제작진이 조선 시대를 배경으로 여러 가지 이야기를 만드는 데 능숙하고, 하다못해 방송국에도 조선 시대 의상, 조선 시대 무기, 조선 시대 투구 등 조선 시대 소품이 많이 준비되어 있다.

그런데 조선 시대에는 투석기를 그다지 많이 사용하지는 않았다. 왜 그럴까? 조선 시대에는 이미 화약이 개발돼 대포를 쏠 수 있었기 때문이다. 대포를 쏘면 훨씬 간편하고 강력하게 무시무시한 피해를 줄 수 있는데 굳이 힘들게 투석기를 만들고 병사들이 낑낑거리며 돌을 복잡한 기계 위에 올리고 적군에게 돌을 날릴 필요가 없다. 그렇기에 조선 시대가 배경인 사극이 많은 한국 드라마에서는 투석기를 보기가 어려운 것이다.

역사적으로도 많이 사용했고 전투에서도 중요한 역할을 했지만 사극에서 별로 본 적이 없다는 이유로 투석기는 이국적인 무기처럼 느껴진다. 그러나 우리나라 역사에서 투석기가 언제 사용되었는지 찾아보면 의외로 곳곳에서 사용 사례를 발견할 수 있다. '한국 사람들은 저런 투석기는 안 썼던 거 같은데'라는 오해를 조금 풀어보자.

투석기(投石器)를 이름 그대로 풀어내면 '돌을 던지는 기계'라는 뜻이다. 예전 기록을 보면 투석기보다 '포차(抛車)'라는 단어가 더 자주 보인다. 요즘 "포차에 가자"라고 하면 누구나 포장마차에 가자는 말이라고 생각하겠지만, 과거에 "포차에 가자"라고 하면 돌 날리는 무기가 있는 군부대에 입대하자는 뜻으로 들렸을 것이다.

포차는 '던질 포(抛)'자와 '수레 차(車)'자로 이루어진 단어다. 현대에 와서는 화약을 이용해 대포를 날리는 장치를 포, 대포라고 부르고 대포를 사용하는 병사를 포병이라고 한다. 하지만 예전에는 우리가 아는 대포는 화약을 이용했기에 화포(火砲)라 불렀으며 그냥 포라 하면 주로 돌 던지는 기계를 뜻했다. 그리고 돌을 날려 보내는 장비의 크기가 크면 대포라 했을 것이다. 만약 고려 시대나 삼국 시대에 포병이라 하면 화약을 이용하는 대포를 사용했다는 뜻이 아니라 투석기, 즉 포차를 사용했다는 의미다. 돌을 지고 나르고 던지느라 고생 좀 했다는 뜻이다.

역사 기록에서 투석기, 돌을 던지는 포를 사용했던 사례를 찾아본다면 《삼국사기(三國史記)》의 신라본기 기록을 우선 꼽아 볼만 하다. 《삼국사기》는 고려 인종의 명으로 편찬된 역사서로 김부식 외 열한 명이 썼으며 삼국 시대와 남북국 시대, 후삼국 시대를 다루고 있다. 〈신라본기〉 12권, 〈고구려본기〉 10권, 〈백제본기〉 6권, 〈연표〉 3권, 〈지〉 9권, 〈열전〉 10권으로 구성된 총 50권의 책이며 곳곳에서 포차의 사용에 대한 기록을 찾을 수 있다.

예를 들면 서기 558년에 나마 신득이라는 이가 포노(砲弩)를 만들어서 바쳤다는 기록으로, '나마'는 신라의 벼슬 이름이다. 신라 시대 17관등 중 11등급에 해당하며 실무를 관리하는 일을 했다고 한다. 이 관직은 진골이나 육두품 외에 오두품도 맡을 수 있는 관직이었다. 나마 신득이 바친 '포노'에서 '포'는 돌을 던지는 기계를 뜻하며 '노'는 흔히 쇠뇌라고 부르는 장치로 화살을 쏘는 데 도움을 주는 기계 장치를 말한다.

아마 나마 신득은 기계를 만지거나 발명하는 일을 하던 사람인 듯하다. 그러니 돌을 던지는 기계를 만들어 "임금님, 이런 기계를 사용하면 우리 신라가 훨씬 더 잘 싸울 수 있지 않겠습니까?"라며 포노를 바쳤다는 이야기가 아닐까 싶다.

서기 558년은 6세기로, 지금으로부터 무려 1,500년 전이다. 나마 신득은 이후 다른 기록에서는 전혀 등장하지 않는다. 만약 신득이 만든 포노의 구조가 어떠하며, 장점은 무엇이고 단점이 무엇이며, 어떤 원리로 움직이며, 설계도는 어떤 형태인지까지 남아 있다면 당시의 기술 수준은 물론 그런 기술을 개발하고 사용하던 사회에 대해서도 짐작할 수 있는 대단히 소중한 자료가 되었을 것이다. 안타깝게도 이런 정보는 왕이나 높은 대신과 얽힌 이야기가 아니라서 인지, 중요하게 여기는 사람이 없어서인지 모두 사라지고 말았다. 신득이 어떤 사람이었는지, 어떤 재주가 있었고 어떤 삶을 살았기에 포노라는 무기를 개발했는지에 대해서도 전혀 알려진 바가 없다. 높은 사람이 보기에 사소해 보이는 기록은 보존되지 못했고, 공유되지 못했다는 점은 지금의 시대에 한국사를 연구할 때 가장 안타까운 점이다.

분명 신득이 무기를 대량으로 만들기 위해서는 설계도나 제작 지침 같은 것을 만들어야 했을 것이다. 그렇다면 요즘 설계도와 도면을 그리는 것처럼 나름의 방식으로 어떤 문서를 만들었을 것이다. 요즘 도면처럼 미터법을 사용하지는 않았겠지만 치수도 적어야 했을 것이다. 만약 그런 자료가 남아 있다면 얼마나 귀중한 보물이었을까? 신라 사람들이 어떤 방식으로 협동하며 어떤 방식으로 노동하고 기계 장치를 만들었는지를 생생하게 상상할 수 있는 자료가 되었을 것이고, 신라 사람들이 사용하던 단위는 무엇이었는지, 튼튼한 기계를 만들기 위한 재료는 무엇이 있는지, 그런 재료는 누가 어디에서 구했는지를 살펴보다 보면 신라 사람들의 삶과 연결해 자세한 정보를 얻을 수 있었을 것이다.

대조적인 예를 들어보자면, 조선 후기에 정리된 《화성성역의궤(華城城役儀軌)》라는 자료에는 수원 화성을 건설하면서 사용한 장비와 재료부터 소요된 인건비와 건물 구조에 대한 세밀한 내용까지 남아 있다. 이 내용은 현재 수원 화성을 고치거나 보강 공사를 할 때 귀중한 자료가 되며, 당시 사람들의 일당과 물가를 가늠할 수 있는 정보까지 얻을 수 있어서 조선 시대의 경제는 어떻게 움직였는지, 그 시대 평범한 사람들이 살아가는 모습은 어떠했는지 연구하는 데 큰 도움을 주고 있다.

삼국 시대에 관한 기록을 좀 더 살펴보면 신라가 제도화된 틀 안에서 투석기를 운영했을 것으로 추정할 수 있는 내용도 있다. 《삼국사기》에 따르면 신라에는 사설당(四設幢)이라고 하는 특수부대가 있었다고 한다. 사설당에서 '사'는 네 종류라는 뜻이고, '당'은 부대라는 뜻이다. 즉, 네 개의 부대가 있었다는 것인데, '설'은 '무엇무엇을 설치한다'라는 뜻이므로 특수한 기계를 설치하는 네 개의 부대가 있었다고 해석해 봄 직하다.

기록에 따르면 네 부대는 노당, 운제당, 충당, 석투당이었다고 한다. 노당(弩幢)은 자동으로 화살을 발사하는 기계, 즉 쇠뇌를 담당하는 부대이고, 운제당(雲梯幢)의 운제는 구름사다리라는 뜻을 가진 단어로 사다리차 형태의 무기를 담당하는 부대다. 운제는 중국에서 춘추 전국 시대 때부터 사용한 무기로, 사다리차라는 이름처럼 우리가 이사할 때 쓰는 장비와 비슷하기는 한데 전쟁터에서는 이사 목적보다는 성벽을 공격하기 위해 사용했다. 적군의 성벽을 공격할 때 사람이 일일이 기어서 올라가기 힘드니 이 운제를 이용하는 것이다. 성벽 위에서는 적군이 화살을 쏘고 돌을 던지고 창으로 찌른다. 그런 성벽을 사람이 기어 올라가기는 너무 힘드니 덮개를 씌워 최대한 사람을 보호할 수 있는 사다리가 달린 장비를 만들어놓고 그 장비를 이용해 성벽을 올라갈 수 있게 만든 기구가 운제다. 이동이 자유롭도록 바퀴 달린 수레에 사다리를 결합한 형태도 있었던 것으로 보이며, 산에서 활용하기 위해 수레 없이 지고 가는 형태도 있었다고 한다.

충당(衝幢)은 성문을 부수는 장치를 담당하는 부대다. 커다란 나무 기둥과 같이 생긴 물체를 잘 다듬어서 여러 사람이 사용할 수 있는 손잡이도 설치한 뒤 여러 사람이 들고 성문에 부딪혀서 부수는 장치다. 이런 물체를 수레에 설치해 두고 사용하면 충차(衝車)라고 부르기도 했다.

마지막으로 석투당(石投幢)은 이름을 그대로 풀이하면 '돌을 던지는 부대'라는 뜻이 된다. 그냥 손으로 돌멩이를 들고 던지는 부대였을 가능성도 없지는 않다. 그렇지만 전쟁터에서 돌을 던지는 것이 이렇게 특별한 부대를 별도로 편성해 둘 만큼 특수한 공격 방법인 것 같지는 않다. 단순하게 돌을 던지는 것이 아니라, 나머지 세 개 부대가 기계를 이용하는 부대였듯이 석투당도 돌을 던지는 어떤 장치를 운영하는 부대라는 추측이 조금 더 그럴듯하다. 그렇다면 석투당은 돌을 던지는 투석기, 포차 등의 장비를 담당하는 부대였을 것이다.

 몇몇 학자의 의견에 따르면 네 부대가 신라의 수도인 경주 근처에 배치되었을 것으로 보기도 한다. 그런데 이 때문에 부대의 성격에 대한 문제가 좀 더 복잡해진다. 보통 수도라면 방어를 중심으로 하는 부대가 배치되었을 가능성이 크다. 그런데 사설당의 부대 이름을 보면 방어보다는 성벽을 공격하기 위한 무기를 주로 다루었다. 임금님이 머무는 궁전의 성문을 지켜야 하는 부대에서 괜히 성문을 깨부수는 장비나 성벽을 기어 올라가는 장비를 가지고 있을 이유는 없지 않은가? 그래서 학자에 따라서는 사설당이 무기를 운영하는 부대가 아니라 무기를 만들고 개발하는 것을 중심으로 하는 부대라고 짐작하기도 한다. 운영은 여러 부대가 각자 알아서 하고 노당, 운제당, 충당, 석투당에서는 각각 쇠뇌, 사다리차, 문 부수는 도구, 포차 같은 무기를 만들어 주는 임무를 맡았다는 것이다.

한국 주변 나라의 역사를 살펴보면 이런 고대의 무기 기술이 빠르게 발전했고 전쟁이 많았던 중국에서 유독 다양하게 개발되었다는 사실을 알 수 있다. 춘추 전국 시대 제자백가 중 묵가의 사상을 담고 있다는 《묵자(墨子)》에서는 노나라 공윤반(公輸般)이라는 사람이 운제를 발명했으며, 하나의 운제에 네 명의 병사가 들어가 사다리를 오르내리면서 성벽을 공격했다는 이야기가 실려 있다.

우리의 고구려 또한 중국과 인접한 위치 때문에 중국의 무기를 경험할 기회가 많았다. 중국의 수나라, 당나라가 고구려를 침공했을 때, 수나라와 당나라는 중국 대륙에서 수백 년간의 위, 진, 남북조 시대를 거치며 개발된 수많은 중국제 무기를 총동원했을 것이다. 고구려는 이런 나라의 공격을 여러 차례 성공적으로 방어했으므로 무기 기술을 흡수했을 것이고 또 중국제 무기를 극복할 방안도 나름대로 찾아냈을 것이다. 그래서인지 중국의 역사 기록을 보다 보면, "고구려의 무기가 중국과 같다"라고 서술한 대목이 눈에 띈다.

중국 수나라 역사서 《수서(隋書)》의 〈동이열전(東夷列傳)〉에서 고구려 항목을 보면 고구려 사람들의 옷차림과 봄, 가을에 여는 사냥 대회에 대해 설명하는 내용 사이에 병기(兵器)도 설명하고 있는데, 여기에 "병기는 중국과 대략 같다"라는 서술이 있다. 특히 이 기록에서는 뒷부분에 고구려와 수나라의 전쟁에서 수나라가 패배한 사건을 설명하고 있으므로, 이 내용은 고구려의 무기 수준이 수나라에 비해 뒤떨어지는 점이 없다는 뜻으로 이해해도 큰 무리는 없을 것이다. 추측하건대, 고구려는 신라 이상으로 투석기를 비롯한 고대의 무기 기술을 발전시키지 않았을까 싶다.

2

공격을 위한 무기의 활용

지금으로부터 1,400년 전, 7세기 신라는 삼국을 통일하기 위한 계획을 시작한다. 사실 지금 보기에는 삼국을 완벽하게 통일하겠다는 목표보다 우선 백제를 멸망시키겠다는 목표에 더 초점을 맞춘 것으로 보이기는 한다. 삼국 시대의 지도를 떠올려보자. 한반도 서쪽에 백제가 있고 동쪽에는 신라가 자리한다. 고구려는 한반도 중북부와 현재 중국의 동북 지역에 펼쳐져 있다. 신라와 백제는 국력이 크게 차이가 나지도 않는데 어떻게 신라가 백제를 멸망시킬 수 있었을까? 고구려는 이렇게 큰 땅을 차지하고 있었는데도 왜 신라에게 졌을까?

신라 사람들은 열심히 고민을 한 결과, 외교적인 전략을 함께 구사하면서 삼국을 통일시키겠다는 큰 모험에 도전한다. 신라는 국력이 크게 차이 나지 않는 백제와 큰 땅을 차지하고 있는 고구려를 물리치기 위해 바다 건너 당나라 세력을 이용하기로 한 것이다. 당나라는 고구려를 침략하며 여러 번 전쟁을 일으켰지만 결국 승리하지 못했고 항상 고구려를 눈엣가시처럼 생각하고 있었기에 신라의 거래를 받아들인 듯하다. 아마 이런 식의 거래가 오가지 않았을까?

"당나라 당신들이 우리 신라가 백제를 멸망시키는 것을 도와주면 우리가 당신들이 고구려를 멸망시키는 것을 도와주겠소. 당나라에서 한반도로 들어오려면 거리가 머니까 식량도 부족하고 너무 멀리 오느라 병사들도 피곤하고 물자도 부족할 텐데 우리가 도와주면 얼마나 편하게 전쟁을 할 수 있겠소? 그러니까 우리가 백제를 멸망시키는 것을 좀 도와주시오. 고구려가 멸망하면 그 땅은 우리랑 좀 나누기도 합시다."

결국 김춘추의 외교 작전이 통했고 나당 연합군이 탄생했다. 신라와 당나라는 손을 잡고 660년에 백제를 공격해 별로 길지 않은 시일 안에 멸망시키는 데 성공했다. 이후 나당 연합국은 2년여의 전쟁 끝에 668년에 고구려까지 멸망시키며 소위 삼국통일을 달성했다고 말할 수 있게 된다. 신라와 당나라는 백제와 고구려를 거쳐서 지나가거나 서해를 넘어가야 하는, 가깝지 않은 나라임에도 불구하고 신라의 태종무열왕 김춘추의 출중한 외교 능력과 협상 능력으로 나당 연합군을 이루었고 결국 신라가 원하는 대로 삼국통일을 이루어냈다. 김춘추는 직접 고구려에도 가고 일본에도 가고 당나라에도 가면서 외교 능력을 펼쳤고, 왕의 자리에 올라서도 외교 능력을 활용해 삼국을 통일하고 이후 당나라와의 전쟁도 적절하게 대응했다.

김춘추는 우리나라 역사에 다시 보기 힘든 인물이며 적극적인 외교 활동으로 분란의 시기를 버텨내고 승리를 거

머쥔 놀라운 인물이다. 일본의 역사 기록인 《일본서기(日本書紀)》에서는 김춘추에 대해 이렇게 말한다.

"김춘추는 용모가 준수하고 담소를 잘했다."

당시 일본은 백제의 영향을 많이 받았고 백제와 동맹이 었기 때문에 신라와는 사이가 좋지 않았다. 그럼에도 불구하고 잦은 전쟁을 벌였던 적국 사람을 "잘생겼다. 말은 잘하네. 호감이 가는 인물이네"라고 표현한 것은 김춘추가 적도 인정할 수밖에 없는 인물이라는 증거라고 볼 수 있지 않을까. 신라와 당나라가 외교적 교섭에 성공해 삼국을 통일한 바탕에는 김춘추의 전략과 능력이 있었다고 볼 수 있다.

660년 백제가 멸망하고 난 뒤 고구려는 위기감을 느끼게 된다. 신라의 전략으로 당나라와 신라가 손을 잡고 백제를 멸망시켰으니 북쪽으로는 당나라가, 남쪽으로는 신라가 위치한 고구려에서는 경각심을 가질 수밖에 없었을 것이다. 고구려는 나라를 지키기 위해 적의 취약한 점을 노리기로 하고 선수를 친다. 바로 661년에 한강 부근에서 있었던 전투로 고구려의 장수 뇌음신(惱音信)이 신라로 쳐들어온 북한산성 전투다.

뇌음신은 처음에는 술천성(述川城)이라고 하는 지금의 경기도 여주로 추정되는 지역을 공격했다가 싸우기가 힘드니 포기하고 한산성, 즉 북한산성을 공격했다. 북한산성이라고 하면 지금은 북한산에 있는 성이라고 생각하기 쉬운데, 여기서 한산은 한강 근처에 있는 산이라는 뜻으로 보기 때문에 지금의 서울 광진구에 있는 아차산을 공격한 것으로 추측한다.

왜 고구려는 지금의 서울 지역을 공격했을까? 신라의 수도는 지금의 경상북도 경주였다. 신라에서 동맹인 당나라에 가기 위해서는 서해로 나가서 바다를 통해서 배를 타고 건너야만 한다. 서해로 가려면 어디로 가야 할까? 지금의 전라도나 충청도나 아니면 경기도로 가야 하는데 전라도나 충청도는 바로 작년까지 백제였던 땅이다. 백제를 멸망시키기는 했지만 아직은 혼란스럽고 백제 사람들이 부흥운동도 하고 있어 지나가기가 쉽지 않다. 결국 지금의 경기도 지역으로 나가서 뱃길을 이용해 중국과 오가는 방법을 택할 수밖에 없다. 그러니 고구려 입장에서는 이곳을 빼앗아버리면 당나라와 신라의 손을 끊어버릴 수 있는 것이다. 그래서 뇌음신은 고구려의 운명을 걸고 지금의 아차산이 있는 광진구 지역을 포위하고 북한산성 공격했다.

그런데 이 전투에 "포차를 30대 정도를 놓고 공격했다"라는 기록이 있다. 포차는 앞에서도 말했듯 돌을 던지는 기계이고 차라는 말이 붙어 있는 걸로 봐서 기계를 수레 위에 올려놓은 장비일 가능성이 높다. 위치를 고정해 놓고 돌을 던지는 게 아니라 수레 위에 올려놓고 필요하면 좌우로 옮기기도 하고 앞으로 옮겼다가 뒤로 뺐다가 하면서 여러 대가 한곳을 공격할 수 있도록 전략적으로 배치할 수 있다. 어쩌면 이 포차는 요즘의 탱크나 자주포에 가까운 무기였을 것이다. 뇌음신의 고구려군은 이처럼 상당히 발달된 형태의 투석기를 이용해서 치열하게 북한산성을 공격했다.

《삼국사기》에는 뇌음신의 공격이 꽤 강했고 당시 신라 사람들이 많은 피해를 입었다는 기록이 남아 있다. 돌을 날리는 족족 건물이 박살 났고 사람들은 공포에 질렸다. 요즘 사람들은 전쟁 영화나 전쟁에 관한 뉴스를 접할 기회가 있어서 그래도 대포가 무엇인지 포탄이 무엇인지 짐작하고 상상이라도 할 수 있다. 그러나 1,400년 전의 과거에는 전쟁을 직접 겪지 않았다면 옛날 사람들은 전쟁 무기를 볼 기회도 없고 전쟁이 어떤 모습으로 펼쳐지는지 상상하기가 쉽지 않았을 것이다. 갑자기 놀라운 기계를 이용한 무기가 나타나 집채만 한 바위가 날아오고 30대의 포차에서 조준한 돌이 성 안으로 떨어진다면 무척이나 공포스러운 일이었을 것이다.

삼국 시대에도 투석기에 관한 기록이 있지만 이후 투석 장치가 발달한 고려 시대에는 더욱 다양한 투석기가 개발되었으리라 짐작한다. 일본의 옛 기록인 《소우기(小右記)》에는 고려의 전함에 대해 묘사해 놓은 부분이 있다. 전함의 배 부분에 쇠로 된 뿔 모양을 붙여서 고려의 배가 다른 나라 배와 충돌하면 충격을 주도록 만들어졌다는 기록이다.

그런데 그 내용의 전후를 보면 배 안에 돌을 준비해 놨다는 기록도 있다. 배에서 싸우는데 왜 돌이 필요할까? 적군의 배에 병사가 맨손으로 돌을 던진다 한들 얼마나 피해를 줄 수 있을까. 이렇게 추리를 해보면 배 안에 돌을 발사할 수 있는 투석 장치를 실었을 가능성이 높다.

아닌 게 아니라 조선 전기 문신 김종서 등이 고려 시대 전반을 정리한 역사서 《고려사절요(高麗史節要)》의 1256년 기록에 따르면 몽골군이 고려에 침공하여 압해도라는 섬 근처에 쳐들어왔을 때 압해도를 지키기 위해 투석기를 설치해 몽골군에게 대항했더니 몽골군이 겁에 질려 공격하지 못했다는 기록이 있다.

고려 시대는 기술이 많이 발전한 시기지만 아직 대포가 본격적으로 사용되지는 못했던 시기다. 화약을 이용하는 대포는 고려 말에나 개발되어 점차 보급된다. 그렇게 보면 고려 시대야말로 투석기 기술이 가장 발전한 시기가 아닐까 싶다.

역시 조선 전기 문신 김종서 등이 편찬한 《고려사(高麗

史)》에 따르면 1032년 박원작이라는 사람이 스물네 가지 병기를 준비해서 싸워야 한다고 주장하면서 뇌등석포(雷騰石砲)라는 무기를 선보였다고 한다. 박원작 또한 나마 신득처럼 무기를 개발하는 사람인데 기록이 많지 않아 역시 아쉬운 인물이다. 뇌등석포라는 단어를 보면 천둥 번개라는 뜻의 뇌(雷)자에 올라간다는 등(騰)자가 있으니, 천둥 번개가 하늘로 올라가는 투석기, 천둥 번개처럼 돌을 날려 보내는 무기라고 볼 수 있다. 이름만으로도 무시무시한 분위기를 풍기는 이 무기는 일반 투석기와 달리 좀 더 특별하게 돌을 발사하는 투석기였으리라 추정해 본다.

 국사 시간에도 자주 언급되는 고려 시대의 중요한 사건으로 묘청의 난이 있다. 개경파와 서경파가 싸웠고 김부식이 대표하는 개경파는 사대적인 분위기고 묘청이 주도하는 서경파는 자주적이라는 식의 설명이 따라붙는 사건으로도 자주 언급된다. 어렴풋이 이런 기억이 남아 있는 독자가 많으리라 생각한다. 1135년 발발한 묘청의 난은 지금의 평양에 해당하는 서경으로 천도를 해야 한다는 승려 묘청을 중심으로 한 정치 세력과 지금의 개성에 해당하는, 원래 고려의 수도인 개경을 지켜야 한다는 김부식 등 주류 세력의 대결로 요약해 볼 수 있다. 묘청은 천도와 함께 김부식 일파를 몰아내고 조정을 차지해 보려고 했으나 결국 실패했다. 고려 시대 중요한 전투 중 하나였던 묘청의 난은 원인과 결과에 대해서는 열심히 공부하지만 어떻게 싸웠는지에 대해서는 별로 배우지 않는다. 국사 시간에는 사건의 정황보다 사건의 성격이 중요하기 때문이다. 하지만 세부적인 기록을 보면 묘청의 난은 상당히 치열하고도 피 터지는 전투였다.

묘청의 난에 대한 기록을 찾아보면 "포기(砲機)를 준비해서 싸웠다"는 기록이 있다. 포기 또한 돌을 던지는 기계라고 볼 수 있는데, 대포를 뜻하는 '포(砲)'에 기계를 뜻하는 '기(機)'를 덧붙인 단어다. 김부식이 주도하는 개경파에서는 묘청을 공격할 때 돌만 던지지 않고 더 많은 피해를 주도록 불덩이를 던질 수 있는 도구를 만들었다고 한다. 어떤 도구에 불을 붙여서 그걸 적군에게 던지면 사방에 불이 퍼지는 개량된 방식의 투석기다. 외국 시대극이나 판타지 영화를 보면 불덩어리를 날리는 투석기가 자주 나오는데 우리나라에도 고려 시대에 불덩어리를 날리는 포기로 치열하게 싸웠다는 기록이 있는 것이다.

3

포차를 만들기 위한
핵심 재료, 밧줄

역사 속 포차에 대한 이야기는 여러 가지 장면이 머릿속에
그려져 흥미진진하지만 돌을 던지는 기계인 포차가 화학
과 무슨 관계가 있는지는 의문이 들 것이다. 하지만 투석기
의 원리를 살펴보다 보면 화학과 연관이 있는 결정적인 부
분이 나타난다. 투석기가 움직이는 원리를 간단하게 말하
면 지렛대의 원리다. 돌을 던지는 부분은 크게 움직이게 하
고 힘을 주는 부분은 여러 개의 줄을 연결해서 여러 사람이
힘을 모아 돌을 멀리 날려 보낼 수 있도록 만든 장치다. 시

소를 탈 때 무거운 사람은 가까이에 앉고 가벼운 사람 뒤에 앉는 식으로 무거운 사람이 앉는 자리에 줄을 매서 당기고 가벼운 사람이 앉는 자리에 돌을 얹어서 멀리 던진다고 보면 된다. 영화나 만화를 보면 탄성력이 있는 스프링 같은 장치나 태엽, 고무줄 장치를 이용해 투석기를 만드는 장면이 나오는데, 우리나라나 중국에서 사용된 투석기는 대체로 인력을 이용했다. 한번에 많은 줄을 연결해서 수십 명이 넘는 사람들이 동시에 밧줄을 당기는 방법으로 돌을 날렸던 것으로 보인다.

그렇다면 투석기에서 가장 중요한 핵심 부품은 무엇일까? 바로 밧줄이다. 투석기의 본체를 이루는 나무는 튼튼하게 잘 연결해 놓기만 하면 된다. 투석기에 쓰는 돌은 적당히 무게감 있고 크기만 맞으면 된다. 가장 중요한 것은 튼튼하고 질기면서도 힘이 잘 붙도록 적절한 탄성이 있고 적당하게 잘 구부러지고 휘어져서 여러 사람이 같이 당기기에도 편리한 밧줄이다. 밧줄이 좋아야 투석기를 정확하게 조준하고 돌을 원하는 목표를 향해 던져서 충격을 줄 수 있다. 줄이 튼튼하지 않으면 돌을 던지기도 전에 끊어져서 사용할 수가 없고, 밧줄에 탄성력이 떨어지면 원하는 목표를 향해 멀리 날릴 수가 없고, 밧줄에 힘이 없으면 여러 사람이 당겨 힘을 주어도 제대로 힘을 받지 못한다. 그래서 밧줄이 튼튼하면서도 탄성력이 있으면서도 힘을 잘 받아야 좋은 투석기가 된다.

그럼, 역사 속 투석기는 어떤 줄을 사용했을까? 지금 우리 주위를 둘러보면 여러 가지 줄이 있다. 하지만 요즘 우리가 쉽게 볼 수 있는 줄 소재들은 주로 현대에 발명된 것들이다. 우리가 신는 신발에는 탄성력은 약하지만 잘 끊어지지 않는 신발 끈이 달려 있고, 집에서는 무거운 빨래를 여러 개 널어도 튼튼한 빨랫줄을 사용하고, 낚시할 때는 물고기를 낚기 위해 잘 끊어지지 않으면서 잘 휘는 낚싯줄을 쓰고, 등산할 때는 튼튼하게 몸을 지탱해 주는 로프를 활용한다. 옛날에도 이런 줄이 필요했을 것이다. 그러나 지금과 같은 재질로 밧줄을 만들 수는 없었을 텐데, 도대체 무슨

새끼줄

줄을 사용했길래 저 어려운 조건을 만족할 수 있었을까?

역사 속 줄을 생각하면 어떤 장면이 상상된다. 머슴 한 명이 방 안에 앉아서 지푸라기를 엮고 꼬고 또 꼬아서 길게 새끼줄을 만드는 장면이다. 두 가닥의 볏짚을 손바닥으로 비벼서 꼬아 새끼줄을 만들면 짚신에 사용하거나 금줄에 쓰거나 소의 고삐에 사용하거나 지게에 사용하는 등 수많은 용도가 있었다. 우선 새끼줄을 기본적으로 만들 수 있는

줄로 놓고 옛사람들이 줄을 만들기 위해 사용할 수 있었던 것에는 무엇이 있었는지 생각해 보자.

새끼줄은 지푸라기로 만드는데, 여기에서 드디어 화학이 등장한다. 지푸라기는 우리가 먹는 쌀이 열리는 벼를 자른 줄기로, 벼는 햇빛을 받으며 논에서 자란다. 물론 벼뿐만 아니라 온갖 식물이 햇빛을 받아 영양분을 얻고 광합성을 한다. 심지어 세균 중에도 광합성을 하는 세균이 있다.

광합성을 하면 맨 먼저 만들어지는 결과물은 포도당이다. 요약하자면 광합성이라는 반응은 식물이 햇빛과 이산화탄소와 물을 재료로 포도당이라는 물질을 만드는 화학반응이다.

생각해 보면 무척 신비로운 일이다. 누가 공기와 물을 주면서 햇빛 속에서 재주껏 달콤한 당분을 만들어보라고 하면, 과연 해낼 수 있겠는가? 마법이 아니라면 물을 당분으로 만드는 일은 불가능해 보인다. 그렇지만 광합성을 하는 많은 식물은 그 마법 같은 일을 언제나 항상 해내고 있다.

병원에 가서 피곤하고 힘이 없다고 하면 포도당이 들어

간 수액을 주사한다. 포도나 과일에서 단맛이 나는 것도 일부는 이 포도당 때문이다. 달콤하면서 찐득한 성분이 바로 포도당이다. 광합성을 한 벼를 자른 줄기로 만들었으니 지푸라기에도 포도당 성분이 들어 있다.

하지만 새끼줄을 만들기 위해서는 필요한 지푸라기 속 성분은 수액에 있는 성분과 비슷하지도 않고 단맛을 내는 성분도 아니다. 그 대신 질기고 억센 성분이 있어야 한다. 다행히 식물은 포도당을 만들어 내고 나면 그 후 포도당으로 다시 또 다른 물질을 만들어낸다. 그리고 그렇게 만들어지는 물질 중에는 지푸라기의 주재료가 되는 질기고 억센 성분이 있다.

포도당을 재료로 식물이 만들어내는 성분들은 무엇이 있을까? 포도당을 크게 확대하고 또 확대해서 포도당을 이루고 있는 눈에 보이지도 않을 정도로 아주 작은 포도당 알갱이 조각 단 하나만을 집어낸다고 생각해 보자. 이런 가장 작은 포도당 알갱이 하나를 포도당 분자라고 한다. 식물의 몸속에서는 종종 가장 작은 포도당 알갱이 두 개가 연결된

포도당

물질이 만들어진다. 이런 식으로 생겨난 새로운 성분이 우리가 엿 또는 엿당이라고 하는, 영어로는 말토오스(maltose)라고 부르는 성분이다.

　한 단계 더 나아가, 포도당이 두 개씩 붙어 있는 것이 아니라 여러 개가 붙어 있으면 어떻게 될까? 200개, 기분 좋으면 천 개 정도? 많은 포도당이 붙어서 하나의 덩어리를 만들면 전분이 된다. 전분, 즉 녹말은 물처럼 흘러내리지 않으며 잘 가공하면 딱딱하게 쓸 수 있고 고체처럼 만들 수도 있는 성분이다. 포도당 한 조각을 기본 재료로 사용하

셀룰로오스

전분

C와 C에 결합하는 H는 생략된 상태다.

되, 그것이 식물의 몸속에서 여러 개가 이어지면 전분이 된다고 보면 된다. 우리에게 친숙한 쌀이나 밀가루의 주성분도 바로 이렇게 만들어진 전분이다.

음식으로 먹기 위해 엿을 만들 때는 일부러 포도당의 화학 반응을 촉진한다. 전분이 있는 재료인 쌀이나 보리에 엿기름을 넣는다. 이름에 기름이 붙었지만 엿기름은 부드럽고 끈적한 기름이 아니라 엿을 만들기 위한 씨앗을 말한다. 엿을 기를 수 있는 재료라고 해서 엿기름이라고 부르는 듯하다. 조금 싹을 틔운 보리 등의 씨앗을 전분 성분이 많은 곳에 넣으면 그것은 쑥쑥 자라나기 위해 우선 자기 몸속, 씨앗 속의 전분을 분해해서 더 단순한 단맛이 나는 물질로 되돌려 버린다.

자라나기 위해 여러 가지 용도로 사용될 수 있는 더 기초적인 원재료가 필요하니 포도당이 조립되어 만들어진 전분을 다시 깨부수는 것이다. 이런 단순한 성분일수록 포도당에 가깝고 더 사용하기 좋고 더 달콤한 맛이 나는 성분이기 마련이다. 전분을 분해하다 보면 자기 몸속의 전분뿐만 아니라 주위에 있는 전분까지 모두 분해하며 엿으로 바꿔 버린다. 이런 식으로 엿이 만들어지며, 이것이 엿과 전분의 관계다.

만약 포도당이 전분처럼 줄줄이 늘어서서 붙는 방향으로 물질이 만들어지는 것이 아니라 지그재그로 맞물리면서 앞뒤로 방향을 바꿔가며 붙으면서 물질이 만들어지면, 그 물질은 전분이 아니라 섬유소인 셀룰로오스(cellulose)라는 성분이 된다. 셀룰로오스는 건강 프로그램에서 흔하게 등장하는 성분으로 소화는 잘 안 되지만 대장에 좋다고 하는 바로 그 섬유소다. 채소에 많이 들어 있어서 우리가 샐러드를 먹으면 섭취할 수 있는 성분이다.

그리고 이 섬유소가 지푸라기의 주성분이다. 벼가 광합성을 하면서 먼저 포도당을 만들고 그 포도당을 계속 합체시켜서 전분을 만들거나 섬유소를 만들어 지푸라기의 성분을 만드는 것이다. 쉽게 생각할 수 있듯이 벼는 그렇게 해서 만든 물질 중에서 씨앗 부분과 쌀알 부분에는 전분을 주로 많이 보내고 잎과 줄기 부분에는 섬유소를 더 많이 보내기 때문에 우리가 아는 벼의 모습으로 자라난다.

지푸라기를 꼬아서 새끼줄을 만들면 섬유소의 강도가 바로 새끼줄의 강도가 된다. 지푸라기 외에 삼베를 만드는 식물 등을 이용해 더 튼튼한 실이나 끈, 줄을 만들기도 한다. 덴마크 공대의 메이어 박사가 연구한 논문에 따르면 삼베에는 섬유소와 펙틴(pectin), 리그닌(lignin)이라는 물질이 잘 섞여 있다고 한다. 리그닌은 나무를 구성하는 성분이고, 펙틴은 각각의 성분을 연결해 준다. 그래서 삼베는 일반적인 지푸라기 섬유소보다 더 튼튼하고 강하다. 삼베에서 실을 잘 뽑은 뒤 꼬아서 줄을 만든 것을 삼끈이라고 하는데, 삼끈은 일반적인 새끼줄보다 더 튼튼하다.

인위적으로 식물을 가공해서 그 속에 있는 섬유소만 잘 뽑아낸 다음 그것을 재료로 원하는 방식으로 실을 만들고 엮어 줄을 만들 수도 있다. 자연적으로 식물이 자기 몸속에서 섬유소를 이용해서 지푸라기 같은 몸체를 만드는 것 말고 사람이 섬유소만 따로 뽑아서 더 튼튼하고 질긴 실을 만드는 것이다. 이렇게 만든 물질을 레이온(rayon)이라고 하며 흔히 인조 견사, 인견이라고 한다. '견'은 비단을 의미하는데, 식물에서 추출한 재료로 만들지만 감촉은 비단 못지않다고 해서 인조 비단이라는 뜻으로 붙은 이름이다. 여름철 시원한 옷감, 냉감 소재라고 해서 주목을 받는 풍기 인견 같은 제품이 바로 레이온 계통의 소재를 이용해 개발된 것이다.

지푸라기나 삼끈, 레이온은 기본적으로 식물 안에 있는 섬유소를 이용해 줄을 만드는 방식이다. 이와 전혀 다른 방식으로 만든 줄도 있을까? 비단 끈이나 양털을 꼬아 만든 모직물 줄이 다른 방식으로 만든 줄이다. 비단은 누에를 쳐서 누에고치를 만든 뒤 그 고치를 벗겨서 실을 만들어낸 것이고 양털은 양을 키워서 털을 깎아서 만든다. 식물의 광합성과는 상관없이 동물의 몸에서 뽑아낸 것이기 때문에 주성분 또한 동물의 몸을 구성하는 단백질이다. 그래서 비단이나 양털은 지푸라기나 삼끈과는 재질이 다르다. 동물의 몸에서 뽑아냈기에 더 비싸기도 하다.

비단실이나 양털로는 투석기의 밧줄을 만들 수 없다. 우선 비용 문제가 있을 것이고 재질의 특성상 굵은 밧줄로 만들어 튼튼하게 사용하기에는 적합하지 않았을 듯하다. 그러므로 삼국 시대의 기술이라면 비단 끈보다는 삼끈이나 지푸라기로 만든 새끼줄을 이용해 투석기의 밧줄을 만들지 않았을까 짐작해 본다.

현대에는 화학이 발전되었기에 동물이나 식물하고는 전혀 상관이 없는 나일론 끈이나 폴리에스터를 많이 사용한다. 석유에서 뽑아낸 물질을 가공하고 또 가공해 실처럼 만들고 그 실을 꼬아서 끈처럼 만들어서 밧줄을 만드는 방식인데, 순수하게 인공적으로 만들어낸 재료이기 때문에 최근에 들어서야 사용하기 시작했고 급격하게 발전을 거듭해 지금은 광범위한 영역에서 인공 줄이나 끈의 재료로 사용한다.

4

강력한 밧줄을 위한
화학

이제 다시 삼국 시대 뇌음신의 전투로 돌아가 보자. 뇌음신이 포차 30대로 북한산성을 공격하자 신라에서는 온 힘을 다해 막아보려고 한다. 결사적인 항전 덕분인지 결국 뇌음신은 북한산성을 점령하지 못하고 후퇴하게 된다. 그런데 《삼국유사》에서는 이 이야기가 상당히 비현실적으로 묘사되어 있다.

만약 뇌음신이 북한산성을 점령해 고구려가 이기면 신라가 당나라로 가는 통로인 경기도 지역이 막혀버리고 나당 연합군은 무너지고 만다. 당나라와 손을 잡고 백제를 무너뜨린 뒤 고구려도 무너뜨린다는 게 신라의 작전이었는데 차질이 생기는 것이다. 어떻게든 뇌음신을 막아야 했다. 하지만 뇌음신과 포차가 너무 맹렬해서 승리가 어렵다는 소식이 전해지니 김유신 장군이 이는 인간의 힘으로는 해결할 수 없는 일이고 신술(神術)만이 해결할 수 있다고 했다고 한다. 신통한 술법, 즉 마법을 쓰겠다는 이야기다.

김유신은 별이 뜨는 제단, 즉 별에 기도를 하는 제단인 성부단(星浮壇)을 설치한다. 그리고 성부단에 기도를 했더니 항아리만 한 광채가 북쪽으로 날아가 전쟁터의 한가운데에서 떨어져 뇌음신이 사용하던 포 30개를 부숴버렸다고 한다. 기도의 힘으로 뇌음신과 어마어마한 포차 30개를 박살 낸 것이다. 그 모습을 본 뇌음신이 두려워서 도망을 가고 신라는 방어에 성공했다고 한다.

소설이기는 하지만 《삼국지연의(三國志演義)》를 보면 제갈량이 적벽대전을 앞두고 바람의 방향을 바꾸기 위해 기도를 했다는 이야기가 나오는데, 김유신 또한 제갈량처럼

남산에 있는 김유신 동상

마법적인 힘으로 전황을 바꾼 것일까?《삼국유사》보다 현실적인 역사 기록이라 판단하는《삼국사기》를 보면 장마가 심해져서 뇌음신의 군대에 여러 가지 문제가 생겼고 천둥, 번개가 너무 잦아서 고구려 군사가 후퇴했다고 나온다.

《삼국유사》와《삼국사기》를 바탕으로 상상을 해보자. '김유신 장군이 별에 기도를 해서 엄청난 빛을 날렸더니 고구려의 무기가 박살 났다.' 이 대목은 김유신 장군 쪽에서 보낸 새로운 무기가 마치 별이 날아가는 것처럼 강한 투석기였다는 것을 나타내는 이야기는 아닐까? '장마가 너무 심해서 고구려가 후퇴했다.' 이 대목은 당시의 기상 조건과 날씨 때문에 고구려군의 무기였던 포차가 파괴되었고 어쩔 수 없이 공격을 중단했다는 뜻 아닐까?

조금 더 사실에 가까운 분석을 하기에 용이한 두 번째 이야기에 초점을 맞춰서 내막을 상상해 보자. 고구려군이 이용했을 만한 투석기의 밧줄 재료는 새끼줄이다. 가장 구하기가 쉽고 가장 활용하기 쉽기 때문이다. 하지만 새끼줄의 큰 단점은 날씨가 나쁘면 약해진다는 점이다. 비가 계속 오고 습기가 높으면 벌레가 생기기 쉽고 벌레가 지푸라기를 먹어 치우고 곰팡이가 생기니 쉽게 삭아버린다. 만약 이런 상태에서 투석기를 사용하려고 밧줄을 당기면 새끼줄이 힘을 받지 못하고 툭 끊어질 것이다. 이런 일이 자꾸 생기니 고구려군은 주 무기를 사용하지 못해 결국 철수를 결정한 것이 아닐까?

신라 입장에서 보면 김유신 장군이 기도를 한지 얼마 되지 않아 고구려군이 철수했고 벼락과 천둥이 일어났으니, 그 모든 것이 김유신 장군의 마법적인 힘이라는 이야기를 만들어 퍼뜨렸을 것이다. 마침 이 시기는 음력 5월이라 장마철에 가까우니 벼락, 천둥, 많은 비와 습기, 지푸라기에 생긴 벌레나 곰팡이 따위가 고구려군 투석기의 밧줄을 갉아 먹는 이야기와 연결하기 쉽다.

만약 당시에 폴리에스터 끈이나 나일론 끈이 있었으면 어떻게 되었을까? 나일론의 장점은 식물이나 동물에서 뽑은 재료로 만들지 않고 인공적인 과학 기술을 동원해 만든 재료이기 때문에 벌레나 곰팡이에게 낯선 재료라는 점이다. 즉, 나일론은 벌레 먹는 일이 거의 없는 재료다. 그러니 나일론 끈을 활용해 투석기를 만들었다면 아무리 날씨가 좋지 않아도, 천둥과 벼락이 쳐도, 벌레 먹지 않고 계속 쓸 수 있었을 것이다. 그랬다면 북한산성 전투에서 고구려군이 승리해서 신라와 당나라는 서해를 통해 서로 원활하게 오가지 못해 동맹이 해체되었을 것이고 고구려가 신라와 당나라의 연합군에 무너지지 않고 삼국 통일도 이루어지지 않았을 것이다. 투석기 밧줄과 얽힌 화학 문제 하나는 이렇게 계속해서 재미난 상상으로 이어질 수 있다.

역사를 바꿀 수도 있었던 새끼줄의 화학, 섬유 기술은 요즘에도 큰 의미가 있다. 최근 성능이 좋다고 강조하는 운동 기구나 테니스 라켓, 자전거 광고를 보면 그 재료로 카본 소재를 사용했다는 말을 자주 볼 수 있다. 카본은 탄소라는 의미인데, 이런 제품은 탄소 덩어리로 제품을 만들었다는 게 아니라 탄소 섬유라고 해서, 흑연을 가는 실처럼 뽑은 형태에 가까운 재료를 사용했다는 이야기다. 그것을 엮어서 줄처럼 만들고 꼬아서 또 밧줄처럼 만든다.

그것을 다시 엮어서 천처럼 만들기도 하고 그 천을 여러 겹 겹치고 다른 재료와 함께 굳히면 같은 무게의 강철보다 질기면서도 무게는 훨씬 가벼운 재료를 만들 수 있다. 덕분에 탄소 섬유는 가벼우면서도 튼튼한 제품을 만들어야 하는 온갖 분야에서 활용되고 있다. 작업용 공구에서부터 자동차 부품까지 사용되는 분야가 점점 넓어지고 있다. 국내에는 전라북도 전주에 대표적인 탄소 섬유 생산 공장이 있는데, 전라북도에서는 이러한 산업을 더욱 확장시켜야 한다는 전략을 갖고 있어서 전주에 한국탄소산업진흥원이라는 기관을 설치해 두기도 했다.

2022년 〈신동아〉 기사를 보면 국산 전투기를 생산하는 한국항공우주산업에서도 탄소 섬유를 잘 뽑아서 줄을 만들고 그것을 엮어서 부품을 만드는 방법으로 훨씬 더 가볍고 튼튼한 재료를 활용하고 있다고 한다. 즉, 탄소 섬유가 가벼우면서 튼튼한 비행기를 만들거나 단단하면서도 가벼운 무기를 만들 때 아주 요긴하게 사용된다는 의미다. 고구려군과 뇌음신의 전투를 교훈 삼아 탄소 섬유 기술을 발전시키면 더욱 튼튼한 국방력을 갖출 수도 있지 않을까 생각해 본다.

2장

후백제 견훤의 기병대를
이끈 회학

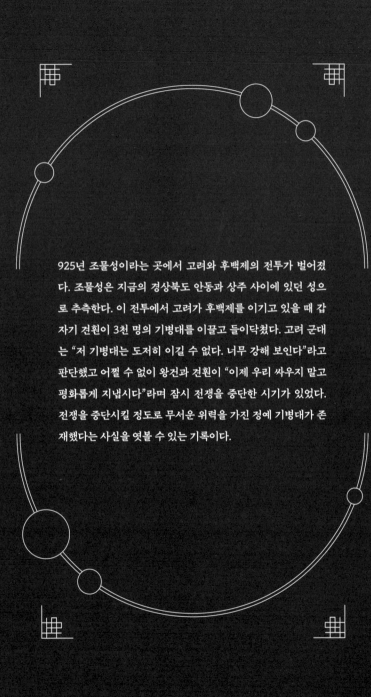

925년 조물성이라는 곳에서 고려와 후백제의 전투가 벌어졌다. 조물성은 지금의 경상북도 안동과 상주 사이에 있던 성으로 추측한다. 이 전투에서 고려가 후백제를 이기고 있을 때 갑자기 견훤이 3천 명의 기병대를 이끌고 들이닥쳤다. 고려 군대는 "저 기병대는 도저히 이길 수 없다. 너무 강해 보인다"라고 판단했고 어쩔 수 없이 왕건과 견훤이 "이제 우리 싸우지 말고 평화롭게 지냅시다"라며 잠시 전쟁을 중단한 시기가 있었다. 전쟁을 중단시킬 정도로 무서운 위력을 가진 정예 기병대가 존재했다는 사실을 엿볼 수 있는 기록이다.

1

혼란의 시대이자
영웅의 시대였던 후삼국

역사 속 전쟁과 화학을 이야기하다 보면 다른 분야에 비해 여러 가지 이야기가 서로 긴밀하게 연결되어 세상에 변화를 만들어내는 사연이 많다는 생각을 자주 하게 된다. 전쟁과 화학의 연관성을 찾아가다 보면 전쟁의 작은 부분을 다양한 측면에서 살펴볼 수 있는 시각을 가지게 된다. 역사 속 전쟁에 화학적인 상상을 곁들인다면 잘 설명되지 않았던 역사 속 순간들이 조금 더 가까이 다가오고 맞물리는 것도 느끼게 된다. 이제, 신라 시대를 지나 새로운 시대인 후삼국 시대 속 전쟁과 화학을 찾아가 보자.

어쩌면 후삼국 시대는 우리나라 역사상 전쟁과 관련된 이야깃거리가 가장 짧은 시간에, 가장 집중되어, 가장 풍부했던 시기가 아닐까 싶다. 676년 나당전쟁이 끝나며 삼국 시대의 긴 싸움은 끝이 나고 신라가 사실상 한반도의 지배자가 된다. 그러나 시간이 흐르며 신라의 세력이 약해지고 889년의 농민 봉기인 원종과 애노의 난을 시작으로 지방에서 호족이 난립하고 900년에는 견훤이 후백제를 세우고 901년에는 궁예가 후고구려를 세우며 그야말로 혼란한 시대가 이어졌다. 이 혼란한 시기를 틈타 하루아침에 출세하는 사람이 나타나기도 했고 하루아침에 크게 망하는 사람이 생기기도 했다. 호걸도 있었지만 간교한 인물도 등장했던 시대가 후삼국 시대였다.

그렇기에 후세에서 보기에는 흥미진진한 이야깃거리가 많은 시대다. 안타깝게도 소설, 영화, 드라마에서 후삼국 시대를 배경으로 한 작품이 많지는 않지만 이야깃거리가 풍부한 만큼 언젠가는 여러 시각에서 이 시대를 그려볼 수 있지 않을까 기대해 본다.

중국 사람들은 《삼국지(三國志)》의 배경이었던 위, 촉, 오 삼국 시대와 관련된 이야기와 당시의 전쟁사를 많이 읽고 영상화하며 일본 사람들은 일본 전국 시대의 전쟁사를 많이 읽고 영상화하는데, 우리나라에서 그에 비견할 만한 시대가 후삼국 시대다.

후삼국 시대는 온 나라가 갈기갈기 나뉘어져 있어 더 이상 나라와 임금이 백성을 지켜준다고 믿을 수 없으니 직접 나서보겠다고 두각을 드러내며 이름을 날린 호걸이 많았다. 우리 동네에서는 누가 최고, 우리 지역에서는 이 사람이 제일 강하니까 왕이라는 식으로 한반도 전체가 성 하나하나, 장군 한 명 한 명이 각자 세력을 가지고 서로 싸우고 잡아먹으며 끝없는 전쟁이 40~50년 정도 이어졌다.

당시에 활약했던 유명인만 하더라도 신라의 장군이었으나 후백제의 왕이 된 견훤, 노비 출신이었지만 태봉의 왕이 된 궁예, 파란만장한 후삼국 시대를 통일해 고려의 태조가 된 왕건, 압해도를 장악했던 해적이자 호족인 능창, 원주 일대의 실력자이자 한반도 중부 지역에서 세력을 날리면서 신라에 반란을 일으킨 양길, 신라에 저항해 농민 봉기를 일으킨 원종과 애노 등 가지각색의 특징을 가진 인물들이 있었다. 그리고 이 인물들의 배경이 단순하지 않고 다양하다는 게 이 시대에 관한 이야기가 더욱 궁금해지는 또 하나의 요소다.

예를 들어 후삼국 시대의 3대 영웅호걸 하면 떠오를 만한 사람은 후백제를 세운 견훤, 후고구려를 세웠고 태봉으로 나라 이름을 바꾼 궁예, 그리고 반란을 일으켜 궁예를 쫓아내고 고려를 개국한 왕건이다. 이 세 사람은 배경과 신분이 모두 다르다.

견훤은 가장 쉽게 떠올릴 수 있을 만한 길을 따라가면서 임금이 된 사람이다. 견훤은 원래 신라의 장군이었다. 그러다 보니 힘이 있었고 싸움과 전쟁을 잘했으며 군사적인 재능도 뛰어났다. 당시에 이름을 날리는 것이 당연했던 이력을 가지고 있다. 《삼국사기》에 따르면 견훤의 아버지는 아자개라는 인물로 신라 말에 지금의 경상북도 상주, 문경 일대를 근거로 세력을 키웠다고 한다. 견훤은 아버지를 따라 착실하게 성장한 것인지도 모른다. 견훤은 착실하게 성장시킨 군사 능력을 바탕으로 정치 능력까지 쌓아나간 인물이다.

그에 반해 궁예는 극적인 삶을 살았다. 궁예는 노비 출신이었지만 《삼국사기》의 기록에 따르면 신라의 47대 왕인 헌안왕의 아들이거나 48대 왕인 경문왕의 아들이라는 이야기도 있고, 《고려사》에 따르면 헌안왕의 아들이라는 이야기도 있다. 그러나 그 진실은 확인할 수가 없다. 요즘처럼 DNA 검사가 있었다면 "궁예는 신라 임금의 아들이다!"라고 정확하게 확인할 수 있겠지만, 그럴 수 없다 보니 출신에 대한 명확한 답을 내릴 수 없다. 다만 확실한 것은 궁예가 자기 어머니라고 알고 컸던 사람이 노비였다는 것이다.

그러니까 궁예는 밑천이 없는 사람이었다. 어머니 곁을 떠나 절에서 일하다가 스스로를 승려로 일컬으며 불교에 관한 지식을 쌓고 도적 떼와도 어울리다가 "내가 미륵이 되겠다"라는 결심으로 세상에 나와 이름을 알렸다. 세상 모두를 구원하는 구세주 같은 미륵이 되겠다는 혁명적인 발상을 가지고 세상에 나왔으니 지금 보면 "완전히 사이비 아니야?"라고 생각할 수도 있고 당시 사람들이 보면 "저 사람이야말로 가난한 사람들의 처지를 아는 사람이다!"라고 열광할 수도 있는 배경을 가지고 있었다.

마지막으로 왕건은 군인 출신도 아니고 노비 출신도 아니고 부유한 가문의 도련님이었다. 원래 왕건의 집안은 고구려 계통으로 후삼국 시대에는 지금의 개성 지역에서 주로 뱃길을 이용해 무역업, 상업, 유통업을 하며 재물을 모았던 지방의 세력가로 추측한다. 왕건의 아버지이자 갑부였던 왕륭은 아들과 함께 궁예의 휘하로 들어가며 "요즘 같은 혼란한 세상에서는 돈만 많다고 살아남을 수 있는 게 아니다. 너는 칼싸움도 좀 하고 말 타고 다니면서 싸우는 것도 익혀서 어떻게든지 우리 집안을 좀 지켜라"라고 말하며 아들을 세상에 내보냈던 것 아닌가 싶다.

군인 출신, 노비 출신, 재벌 출신, 이렇게 완전히 다른 배경의 사람들이 경쟁한다는 것만으로도 후삼국 시대의 이야기가 얼마나 흥미진진할지 기대가 된다. 이들 외에도 신라에서부터 내려온 귀한 가문 출신의 사람, 농사를 짓다가 반란을 일으킨 사람, 떠돌이 해적 출신인 사람, 타국에서 한반도로 정착한 이민족 등 온갖 배경을 가진 사람들이 저마다의 개성을 한껏 드러내면서 서로 싸우던 시기, 세상은 혼란스러웠지만 후세에서 보기에는 수많은 이야깃거리가 나왔던 후삼국 시대다.

후삼국 시대의
말 사용법

우리가 이야기할 전쟁과 화학의 시대는 후삼국 시대의 후반부에 가깝다. 여러 세력가가 아귀다툼을 하던 시대가 어느 정도 마무리되고 궁예의 부하였던 왕건이 궁예의 폭정을 견디다 못해 반역을 일으켜 궁예를 무너뜨리고 한반도의 중북부를 차지하고 있고, 견훤은 한반도의 서부를 차지한 상태에서, 신라라는 나라는 아직 경주 인근에서 명맥을 유지하고 있을 무렵, 그 시대의 이야기를 살펴보자.

후삼국 시대의 전투를 보면 바다에서 배를 이용해 싸우

는 해전의 중요성이 상당히 크다. 삼면이 바다로 둘러싼 한반도의 지형적 특징 때문인지 해전에서도 바다를 통해 뒤로 돌아가 후미를 치는 식의 작전이 전쟁에서 몇 가지 중요한 기회를 만든 경우가 눈에 띈다.

또 하나의 빼놓을 수 없는 후삼국 시대 전투의 특징은 말을 타고 싸우는 기병대의 활약이 돋보인다는 점이다. 후삼국을 통일한 왕건이 처음으로 가지는 이름은 '정기장군(精騎將軍)'이다. 정예로운 기병대의 장군이라는 뜻이다. 사실 왕건은 해상 세력이 강한 집안 출신이다. 바다에 세력이 있는 사람이라 해군을 이끌며 해전도 많이 했고 해군 관련된 직함도 얻었을 정도다. 왕건이 기병대를 이끄는 장군이면서 해군으로 뛰어난 활약을 했다는 것 자체가 후삼국 시대의 전투를 보여주는 듯하다.

왕건의 부하 장군 중 후삼국 시대의 모든 장군 가운데 제일 싸움을 잘했을 것이라 평가받는 인물이 한 명 있다. 유금필이라는 장군으로, 그의 직책으로 역사책에 나오는 벼슬 이름이 마군장군(馬軍將軍)이다. '마군'은 '말 군사'를 뜻하는데, 말이 군사일 리는 없으니 말을 타고 다니는 형태의 군대라고 짐작한다. 왜 기병이 아니라 마군이라고 했을까? 아직 우리나라 역사학자 사이에 마군이 무엇인지 정확하게 합의된 결론이 나오지는 못했지만 역시 마군이라 부르니 말을 이용한 부대, 기병대와 비슷한 부대였을 가능성이 높다는 점은 대부분 동의한다.

구체적으로 말을 타고 싸운 이야기들도 후삼국 시대 기록에 종종 등장한다. 925년 조물성이라는 곳에서 고려와 후백제의 전투가 벌어졌다. 조물성은 지금의 경상북도 안동과 상주 사이에 있던 성으로 추측한다. 이 전투에서 고려가 후백제를 이기고 있을 때 갑자기 견훤이 3천 명의 기병대를 이끌고 들이닥쳤다. 고려 군대는 "저 기병대는 도저히 이길 수 없다. 너무 강해 보인다"라고 판단했고 어쩔 수 없이 왕건과 견훤이 "이제 우리 싸우지 말고 평화롭게 지냅시다"라며 잠시 전쟁을 중단한 시기가 있었다. 전쟁을 중단시킬 정도로 무서운 위력을 가진 정예 기병대가 존재했다는 사실을 엿볼 수 있는 기록이다.

조선 전기에 정리한 역사서 《고려사절요》에는 이런 이 야기가 실리기도 했다. 후삼국 때 "절영도(絕影島)에 명마 가 도착하면 백제는 망한다"라는 이상한 예언이 돌았는데 여기서 절영도는 부산 앞바다에 있는 영도를 말한다. 절영 도라는 이름이 줄어서 지금의 영도가 된 것이다. 절영도의 '영(影)'은 그림자고 '절(絕)'은 잘린다는 뜻으로 말을 타고 절영도에 가면 말이 너무 빨라서 그림자가 못 따라오고 잘 린다는 의미를 담고 있다. 예로부터 절영도에는 좋은 말이 산다는 이야기가 있었고 말을 타고 오면 말이 더 빨리 달릴 정도로 말에게 좋은 지역이라는 뜻이 아닐까.

말이 나와서 말인데, 만약 말을 타고 그림자가 따라오지 못할 정도로 빨리 달리려면 도대체 얼마나 빨라야 할까? 말이 빛보다 빨라야 그림자가 떨어져 나간다. 상대성이론 을 적용하면 시간을 거슬러 과거로 가고 있다는 뜻이다. 만 약 절영도, 부산 영도에 그림자가 끊어지는 속도로 달릴 수 있는 말이 있다면 그 말이 과거로 갈 수 있는 타임머신이라 는 뜻이 된다. 화학과는 상관없지만 SF 작가의 호기심을 끌기 좋은 이름이다.

하여간 후삼국 시대에 돌았던 소문 중에 "절영도에 명마, 훌륭한 말이 도착하면 백제는 망한다"라는 말이 있었다. 그런데 이 예언의 문제를 알지 못했던 후백제의 견훤이 영도에서 좋은 말을 구해서 "이제 우리 싸움도 안 하고 잘 지내기로 했으니 선물 삼아 받아가시오"라며 왕건에게 준 적이 있었다. 견훤이 왕건의 아버지뻘이 될 정도로 나이가 더 많으니 왕건은 감사하게 받았다. 그 이면에는 견훤의 과시하고 싶은 마음이 있었을 것이다. 원래 백제는 한반도 서부 지방을 중심지로 차지하고 있었다. 그런데 절영도는 부산, 즉 한반도의 동쪽 끝에 있다. 상상해 보자면 견훤은 "나는 부산 절영도에 있는 말을 하나 잡아서 너에게 줄 정도로 세력이 크다, 부산도 내 영향권이고 이런 말을 얼마든지 가져올 수 있을 정도의 세력을 갖췄다. 겁나지? 덤빌 생각하지 마라"라는 마음으로 선물을 주지 않았을까.

하지만 견훤은 그 예언을 알게 된 뒤에 왕건에게 사신을 보내 "내가 보냈던 말을 돌려주시오"라고 했다고 한다. 왕건은 담대하게도 웃으면서 말을 돌려줬다고 한다. 지금 생각해 보면 이 역사 기록을 남긴 사람들이 고려의 후예이기 때문에 왕건은 더 멋있어 보이고 견훤은 좀 치사해 보이도록 기록했지 않았나 하는 생각도 해본다.

견훤이 나이가 들어 마지막으로 싸운 전투에서도 마군 부대를 맡아서 이끌었다고 되어 있다. 이 모든 정황을 놓고 볼 때 후삼국 시대 전투에는 말을 타고 싸우는 전투가 무척 많았으리라 보인다. 그런 만큼 말을 먹이고 관리하는 기술도 발달할 수 있었을 것이고, 좋은 말 품종을 골라 키우는 기술도 발달할 수 있었을 것이다. 말 등에 올리는 안장이나 발을 디디는 등자처럼 말을 타고 싸우기 위해 갖춰야 하는 장비와 도구를 만들고 관리하는 기술도 같이 발전했을 것이다. 아쉽게도 말을 타는 문화와 관련해 후삼국 시대에 남아 있는 유물이 적어 이런 주변 기술의 명확한 발전상을 유추할 수 있는 내용은 많지 않다. 하지만 말에 관한 이야기와 말에 관한 칭호가 무척 많이 사용된 정황을 보면 기술적인 발전상도 충분히 상상해 봄 직하다.

그 유명한 13세기 몽골제국의 기병은 10명, 100명, 1,000명 단위로 편성된 일사불란한 군사 조직으로 구성되었으며 가벼운 무장으로 빠르게 움직여 화살을 자유롭게 사용하는 날랜 기병대를 장기로 내세웠다. 또한 무거운 갑옷을 두르고 둔중하게 움직이면서 적진을 돌파할 수 있는 힘센 기병대도 같이 활용해서 세계 곳곳에서 대단하고도 많은 승리를 거두었다. 아시아에서 유럽에 이르는 어마어마한 대륙을 차지한 몽골제국의 승리에는 기병대의 활용이 컸다고 본다.

시대가 상당히 차이가 나기 때문에 직접적인 비교는 어렵겠으나, 후삼국 시대에 있었던 마군장군 같은 독특한 지위나 마군, 기병, 정기 같은 말을 이끄는 부대에 대한 특별한 용어들을 보면 후삼국 시대에도 말 탄 군사를 세분화해서 여러 가지 형태로 때에 따라 다르게 운용했을 것이고, 이런 운용을 잘 조합하고 잘 살린 쪽이 승리를 거두었을 거라는 상상도 해볼 수 있다.

말은 빨리 달릴 수 있다는 점에서 굉장히 유리하고 원하는 장소에 빨리 도착해 습격을 하거나 군대의 옆구리를 치기 쉽고 위급할 때 빨리 도망가기도 좋다. 또 적군이 진을 짜고 오와 열을 맞춰서 "우리 이 선을 지키면서 방어하자. 여기를 넘어가려는 놈이 있으면 어떻게든지 막아야 해!"라며 서 있어도 말을 타고 뛰어오면 도저히 막을 수가 없다. 엄청나게 큰 말이 엄청난 속도로 달려오는 걸 보면 공포심으로 인해 어떻게 비키지 않을 수 있겠는가. 물론 그래도 끝까지 버티는 용감한 병사도 있겠지만, 그 크기와 기세에 버티기가 쉽지 않을 것이다. 그래서 공격할 때는 말을 탄 병사가 충격을 돌파하면서 달리는 힘, 대열을 무너뜨리는 힘 등이 결정적으로 승리의 행방을 좌우했다. 그래서 역사 속 전투에서 기병대가 얼마나 중요한지에 대해 언급할 때는 말의 힘과 역량이 자주 언급되는 듯하다.

3

어떻게 사람은 말보다 더 오래 달릴 수 있을까

이제 본론으로 들어가 보자. 대구 곳곳에 많은 지명을 남긴 공산 전투는 927년에 백제 견훤이 지금의 경주인 신라 수도 금성의 궁궐을 대단히 빠른 속력으로 급습한 사건에서 시작된다. 나중에 견훤이 고려에 보낸 편지를 보면 이 사건의 명분이 드러난다. 당시에는 신라의 왕이 아직 남아 있었고 비록 세력은 사라졌지만 한반도의 역사에 큰 획을 그을 정도로 오랜 기간 나라를 지배한 가문의 후예다 보니 그를 존중하는 마음은 있었다. 그렇게 따지면 신라의 임금을 받들어야 할 장군이 자신의 나라를 세우고 금성에 쳐들어간 것은 명분이 없는 일이라 생각할 텐데 견훤은 이렇게 변명한다.

"신라의 임금님은 착하신 분이고 나도 받들고 싶었는데 신라에서 제일 높은 벼슬인 국상의 자리에 있는 김웅렴이라는 사람이 군사를 끌어들여서 전쟁을 일으키고 나라를 혼란스럽게 했다. 나 견훤은 그 간신배를 몰아내기 위해 어쩔 수 없이 신라 궁궐에 들어간 것이다." 견훤은 이 변명을 이렇게 표현한다.

"신하들에게 밝은 태양 같은 맹세를 하게 하고 6부를 바른 가르침으로 타이르기 위해서다."

6부는 신라의 행정구역 여섯 개를 말한다. 즉, 금성을 다시 정의의 도시로 만들기 위해서, 착한 임금님을 지켜드리고 간신배 김웅렴을 제거하기 위해서 경주로 쳐들어갔다고 말하는 것이다.

이때 견훤은 엄청난 속도로 진군해 경주를 완벽하게 기습하는 데 성공했다. 《삼국사기》에 따르면 경애왕이 포석

정에서 술을 마시고 잔치를 벌이다가 "뭐야? 누가 쳐들어왔어?"라고 할 정도로 견훤의 군사가 갑작스럽게 쳐들어왔다고 한다. 한 나라의 왕이 전쟁의 기운을 전혀 느끼지 못하고 군사를 준비하고 방어하는 중이 아니라 잔치를 벌이다가 알아챌 정도로 빠르고 완벽한 기습이었던 셈이다.

최근 연구 결과에 따르면 이때 경애왕은 잔치를 하면서 놀고 있었던 게 아니라 나름 나라를 위해 필요한 의식이나 행사를 거행하고 있었으리라 추측하는 의견도 있다. 그러나 잔치를 벌이고 있었든 행사를 주최하고 있었든 싸울 준비가 전혀 되지 않은 상태에서 궁궐 근처까지 들어온 견훤의 군대를 맞이한 것은 매한가지다.

《삼국사기》의 기록에 따르면 임금과 왕비, 신하와 궁녀가 모여 있는 자리에 갑자기 적군이 쳐들어오니 귀한 사람이나 천한 사람이나 살려달라고 빌면서 땅을 기어다녔다고 한다. 얼마나 혼란스러운 상황이었을까. 이때 금성 궁궐에서 많은 사람이 죽고 처참한 상황이 벌어졌다고 적혀 있다.

경애왕도 이때 사망한다. 견훤은 경애왕의 죽음에 대해서도 대충 얼버무리며 너무 혼란한 시기라 경애왕이 죽어 버렸다고 말한다. 그러고는 경애왕의 친척인 경순왕에게 "이제부터 당신이 왕을 하시오. 그래도 신라에 왕이 없을 수는 없으니 당신이 하시오"라는 식으로 왕의 자리를 넘겼다. 아무래도 견훤이 말한 명분과는 상당히 다른 상황이었지 싶다. 새롭게 왕이 된 경순왕은 자신도 견훤에게 죽을까 봐 겁을 먹었고 이후 신라는 주위 강대국의 눈치만 보게 되었다.

이런 상황을 보다 못한 왕건은 구원병 부대를 출격시킨다. 기병 5천 명을 동원했다니 가장 빨리 갈 수 있는 부대를 동원한 듯하다. 왕건의 본거지인 개성에서 금성을 향하며 "신라 임금님, 제가 구출해 드리겠습니다"라고 전속력으로 달려갔다. 그렇게 개성에서 달려온 왕건의 부대와 금성에서 후백제로 돌아가는 견훤의 부대는 지금의 대구에서 마주치게 된다. 대구 팔공산이라는 곳에서 전투를 했는데 이곳의 옛 이름이 공산이라 이 전투를 공산 전투라고 부른다.

팔공산이라는 이름도 공산 전투에서 왕건의 부하 여덟 명이 잘 싸웠다는 의미로 후대에 '여덟 명의 공신'이란 뜻을 담아 팔공산(八公山)이라 부르게 되었다.

왕건은 엄청난 속도로 기병대를 이끌고 신라를 구출하기 위해 돌격했지만 당연히 견훤은 만만치 않은 상대였다. 견훤은 이름 높은 군사의 천재인 만큼 가만히 기다리지 않고 자신의 기병대를 이용해 철저하게 준비해서 거의 함정을 준비하듯 진을 치고 왕건이 걸려들기를 기다리고 있었다. '이 녀석 왕건, 이쪽으로 쳐들어와라. 이쪽으로 올 길목인 것 같은데 여기로 오면 이렇게 쳐서 공격하고 여기로 빠져서 도망가면 거기에 병사를 숨겨났다가 기습해야지. 후퇴하려고 이쪽으로 가면 거기에 또 부대를 보내서 아주 끝장을 내야지'라며 벼르고 있었을 것이다. 전쟁의 천재 견훤이 이번에야말로 승리를 위해 완벽하게 준비하고 있었다고 할 만한 순간이었다. 이 싸움은 과연 어떻게 끝이 났을까?

화학적인 궁금증을 먼저 파헤쳐보자. 도대체 말은 왜 잘 달릴까? 어렸을 때는 한 번쯤 궁금해했을 만한 질문이다. 말은 사람보다 훨씬 잘 달리고 힘도 세다. 사람은 고기도 먹고 채소도 먹지만 말은 풀만 먹고 사는데 어떻게 그렇게 힘이 좋을까? 도대체 말과 사람은 어떤 점이 다르기 때문에 그렇게 차이가 나는 걸까?

우선 쉬운 답을 생각해 보면 말은 근육이 많다. 근육은 무엇일까? 근육은 어떻게 움직이는 걸까? 어떤 구조와 어떤 힘으로 움직이기에 내가 팔을 뻗고 싶으면 뻗고 구부리고 싶으면 구부릴 수 있을까? 화학자들은 이 답을 찾기 위해 열심히 연구했고 현대 화학에서 그 답을 찾았다.

동물 근육에 기본이 되는 것은 근섬유다. 실처럼 되어 있는 근섬유에서 결정적으로 중요한 성분은 마이오신 또는 미오신(myosin)이라고 하는 물질이다. 이 미오신이 적절한 조건을 갖추고 있을 때 ATP(adenosine tri-phosphate, 아데노신 삼인산)를 뿌리면 ATP는 ADP(adenosine diphosphate, 아데노신 이인산)라는 물질로 변한다. 그리고 미오신은 그 영향으로 잠깐

ATP의 구조

모양이 굽어들 듯이 변하는 특징이 생긴다. 이것이 우리가 하는 모든 운동의 근원이다. 걷고, 뛰고, 무거운 물건을 들고, 누군가의 손을 잡고, 누군가를 껴안고, 즐거워서 박수 치고, 화가 나서 허공에 주먹을 휘두르고, 심지어 숨쉬기 운동을 하며 조금씩 가슴과 배를 움직이는 것까지. 그 모든 움직임이 ATP가 ADP로 변할 때 미오신이라는 물질의 모양이 굽어드는 화학 반응 때문에 일어난다.

미오신 변화가 그렇게까지 센 힘을 낼 수 있는 까닭은 미오신이 하나만 굽는 게 아니라 적절한 방향으로 줄을 맞춰서 일제히 한쪽으로 굽는 모양으로 변화하기 때문이다. 그 굽어지는 모양 변화가 방향을 맞춰 연결되고 합쳐져 있기 때문에 모아놓고 보면 근육이 강한 힘으로 수축하는 모양이 나타나게 된다. 그리고 그 덕택에 사람은 몸의 근육을 움직일 수 있게 된다.

놀랍게도 ATP라는 물질은 모든 생물이 공통으로 사용하는 성분이다. 사람만 근육을 움직일 때 ATP를 쓰는 게 아니다. 말도, 소도, 물고기도 ATP를 이용해 근육을 움직인다. 심지어 곤충과 세균도 ATP를 사용한다. 식물도 마찬가지다. 식물이 근육을 이용할 리는 없지만 식물도 나름 몸속에서 여러 가지 작용을 일으켜야 할 때, 힘을 들여 무슨 일을 해야 할 때 ATP를 이용한다. 지구상에 사는 생물은 가장 원초적이고 간단한 생물부터 사람까지도 움직이고 어떤 일을 할 때는 ATP라는 물질을 공동으로 사용하니 보기에 따라서는 대단히 신기한 점이다. 마치 자동차에 들어가는 기름이나 비행기에 들어가는 기름이나 집에서 난방하기 위해 쓰는 기름이나 스마트폰을 충전할 때 쓰는 에너지나 모두 같은 에너지원으로 가능하다는 것과 마찬가지다.

세상에는 육식동물이 있고 초식동물이 있고 어류도 있고, 심지어 완전히 다른 생체 구조를 가진 식물도 있고, 더러운 것을 부패시키며 사는 세균도 있어서 겉모양도 삶의 방식도 완전히 다른 것 같은데 어찌 되었건 모두 움직일 때는 ATP라는 한 가지 물질만을 원동력으로 이용한다니, 그 이유는 무엇일까? ATP가 비할 바 없이 세상에서 가장 좋은 연료이기 때문일까?

현대 화학자와 생물학자의 의견에 따르면 아마 먼 옛날에 모든 생물의 조상이 되는 생물이 하나 있었는데 그 생물의 자손이 계속 진화하면서 각각 다른 생물로 변했고 최초의 조상 생물이 가지고 있었던 특성을 물려받아 활동한다고 추정한다. 그래서 ATP를 사용하는 습성을 가장 하잘것없고 단순한 생물부터 사람까지 모두 공통으로 이어받은 것이 아니냐는 판단이다. 이런 관점에서 생각해 보면 길 위에 핀 잡초조차 인간의 먼 친척이다.

모든 생물이 ATP를 이용한다는 원리를 이용한 재밌는 발명품이 하나 있다. 바로 세균 측정기라고 부르는 장치다. 텔레비전 방송 프로그램을 보면 어디에 세균이 얼마나 많은지 측정하겠다고 하며 "여기가 화장실 변기보다 세균이 많네요" 등의 이야기를 하면서 주로 화장실 변기와 세균 수치를 비교한다. 그럴 때 세균을 측정하는 세균 측정기의 원리는 무엇일까? 세균을 확대하는 현미경이 달려 있고 인공지능으로 세균을 하나둘씩 세어서 측정할까?

세균 측정기는 사실 ATP 측정기다. 모든 생물이 활동하면 항상 ATP를 쓸 수밖에 없다. 그래서 아무것도 없어 보이는 뭔가를 채취했는데 거기에 ATP가 발견된다는 것은 지구의 어떤 생물이 뭔가 활동하고 있다는 증거다. 그런데 눈에 보이는 것이 없는 부분을 닦아서 조사된 결과이니 눈에 보이는 동물이나 식물이 활동하고 있다는 뜻은 아니다. 그러므로 우리의 눈에 보이지 않는 미생물이 산다는 뜻이다.

따라서 세균 측정기는 ATP가 얼마나 많은지 확인한 결과에서 미생물이 얼마나 많이 사는지를 간접적으로 추측한다. 그러므로 이런 ATP 측정 방식만으로는 정확한 세균과 미생물의 개수를 알아내기는 어렵다. 만약 사람에게 해를 끼치지 않는 미생물이라 하더라도 그 미생물이 건강하고 활발히 활동하며 비교적 덩치가 커서 ATP를 많이 사용하고 있다면 ATP 측정 결과는 높게 나타날 것이다. 반대로 사람에게 해를 끼치는 미생물이라 하더라도 그 미생물이 크기가 작고 별로 활동하지 않고 쉬고 있어서 ATP를 별로 사용하지 않고 있다면 ATP 측정 결과는 낮게 나타날 수도 있다.

다만 통계적으로 미생물의 숫자가 많으면 평균적으로 ATP가 많을 가능성이 있다는 대략의 경향성을 기준으로 측정기의 수치가 높을수록 미생물이 많지 않겠느냐고 짐작하는 정도다. 그러나 이 정도의 결과만으로도 급할 때는 어디가 많이 오염되어 있는지, 위생을 어떻게 관리해야 하는지 빠르게 파악하는 데 큰 도움이 된다. 그리고 이런 자료를 이용해서 감염을 어떻게 예방할 수 있는지 계획을 세울 수 있으며, 이를 통해 식품이나 약품의 품질을 올리고 인류의 건강을 보호할 수 있다. 이 모든 작업에 도움이 되는 원리가 우리가 근육을 작동시키는 원리와 같다는 것이 화학의 재미있는 점이다.

ATP가 미오신과 반응해 근육을 움직인다고 했는데 항상 똑같은 구조로 같은 결과만 일으키는 것은 아니다. 현대 생물학자와 의학자가 분류하기로 사람의 근육은 TYPE 1 근육이 있고 TYPE 2 근육이 있다고 한다. 즉, ATP가 반응할 때 얼마나 빠르게 반응하느냐, 그리고 반응하면서 다른 잡다하고 불필요한 물질을 얼마나 많이 만들어내느냐, ATP 이외의 다른 물질은 또 뭐가 필요하냐 등등을 평가해 근육은 두 가지로 나뉜다.

각기 어떤 역할을 하는 근육이냐를 기준으로 사람의 근육을 분류해 보면 자주 쓰이는 표현은 지근과 속근이다. 지근은 여러 가지 잡다한 물질을 발생시키지 않으면서 부드럽게 화학 반응을 일으키는 근육인 대신 반응하는 속도가 좀 느리고 속근은 여러 가지 잡다한 물질을 필요로 하거나 내뿜어 흔히 말하기로 지저분하게 화학 반응을 일으키지만 반응 속도가 굉장히 빠르다. 한국통합생물학회 동물학백과 등의 자료에 따르면 대략 단순화해서 보면 TYPE 1 근육이 지근이고, TYPE 2 근육이 속근으로 볼 수 있는 경우가 많다고 한다. 말처럼 빨리 뛰는 동물은 지근이 발달해 있을까? 속근이 발달해 있을까? 당연히 반응 속도가 빠른 속근이 발달되어 있다.

　이제 사람의 근육과 말의 근육은 왜 차이가 있느냐가 궁금할 텐데, 여기에 관한 재미있는 학설이 하나 있다. 하버드대학교 인간진화생물학과 교수이자 개체및진화생물학과 겸임교수 대니얼 리버먼(Daniel Lieberman)이 주장하는 '지구력 달리기 가설'이다. 사람은 왜 살아남아 번성하는 데 성공했을까? 쉽게 생각해 볼 수 있는 대답은 사람은 다른 동물에 비해 두뇌가 뛰어나기 때문이고 손을 쓸 수 있기 때문이라는 것이다. 그러나 냉정히 따져보면 두뇌라는 것은 어느 정도 문화가 발달하고 문명이 발달해야 쓸모가 많은 것이다. 혼자서 두뇌만 좋아봤자 당장 큰 쓸모가 없다. 쓸

데없는 걱정이나 하고 우울하기나 하고 '인생이란 무엇일까?'를 고민하는 데 시간만 보내게 될 뿐 생존에는 크게 도움이 되지 않는다. 오히려 야생의 생명력을 발휘하며 근육의 힘을 잘 사용하면서 버티는 생물이 두뇌만 좋은 생물보다는 더 살아남기가 좋을 때도 있다.

그렇다면 사람이라는 생물에게 두뇌만큼 경쟁력이 뛰어난 다른 장점이 무엇이 있을까를 찾아보면 지구력이 있다. 사람은 그렇게 힘이 세지도 않고 소나 말보다도 근육이 약하다. 치타나 사슴보다 빨리 뛰지도 못하고, 호랑이나 사자보다 발톱이나 이빨이 날카롭지도 않은데 어떻게 야생에서 살아남을 수 있었을까? 사람은 강한 힘을 순간적으로 내는 데는 부족한 점이 많지만 꾸준하게 힘을 내면서 따라가는 지구력에 있어서는 그 어떤 동물보다 강하다. 사람만큼 오랫동안 적을 추적하고 끈질기게 쫓아가서 적이 지칠 때까지 움직일 수 있는 동물은 굉장히 드물다.

치타는 시속 100km로 달릴 수 있다고 하지만 치타가 시속 100km로 달릴 수 있는 시간은 초 단위 정도다. 잠깐 빨리 달리고 나면 힘들어서 더 이상은 달릴 수가 없다. 그런데 마라톤 선수는 두 시간이 넘도록 평균 시속 20km 정도로 달린다고 한다. 이렇게까지나 오랜 시간 꾸준하게 힘을 쓸 수 있는 동물은 매우 드물다.

풀이해 보자면, 사람의 몸은 천천히 오래 사용할 수 있는 지근을 골고루 발달시키기에 좋은 화학적인 구조로 돼 있다고 볼 수도 있겠다. 그러고 보면 사람은 겉모습만 봐도 눈에 띄는 희한한 특징이 하나 있다. 사람과 비슷한 원숭이나 개, 고양이 같은 포유류와 비교했을 때 확연하게 구분되는, 사람이 가진 희한하고도 이상한 특징은 털이 없다는 점이다. 사람은 왜 털이 없을까?

지구력 달리기 가설을 받아들인다면, 사람은 털이 없어서 땀을 흘리기에 유리하다는 점과 연결해 생각해 볼 수 있다. 즉, 털이 없으니까 땀을 내서 몸의 열을 식히기가 좋다는 것이다. 땀이 나고 마를 때 바람이 불면 시원해진다. 이 작용을 이용해 사람은 몸에서 나오는 열기를 효율적으로 낮출 수 있다. 털도 없으니 열을 낮추기가 훨씬 더 좋다.

땀을 잘 흘리면 더운 곳에서도 오랫동안 운동하면서 움직일 수 있다. 그래서 사람이 다른 동물을 잡을 때는 호랑이나 사자처럼 순간적으로 잡지는 못하지만 동료와 팀을 짜서 몇 시간 동안 쫓아다니다 보면 결국 붙잡을 수밖에 없다. 지치지 않는 끈기, 지독하게 오랫동안 버티는 지구력이 사람의 경쟁력이라는 주장을 지구력 달리기 가설이라고 부르며 최근 인지도를 얻고 있는 진화론적인 설명이다. 그러고 보면 동물 중에 사람만큼 땀을 많이 흘리는 동물은 없다. 개는 땀을 흘리지 못해 혓바닥을 내밀어 체온을 조절한다. 그나마 사람을 제외하면 말이 땀을 흘리는 편이다. 그래서인지 말도 오랜 시간 잘 달리는 동물이다.

누군가는 과학적이지 않다고 생각할 수 있지만 재밌는 이야기를 하나 더 알아보자. 맥카시라는 사람이 2022년 6월 12일에 BBC에서 보도한 기사로, 영국의 어느 지역에서는 벌써 몇 년째 사람과 말이 뛰는 경주가 진행 중이다. 사람하고 말이 누가 더 빨리 뛰는지 경쟁을 한다니 당황스럽기도 하다. 더욱이 짧은 거리를 경주하는 게 아니다. 100m, 200m를 경주하면 당연히 말이 이기겠지만 짧은 거리를 달리는 게 아니라 2~3시간이 걸리는 거리를 달린다. 그리고 이렇게 경주를 하면 사람이 항상 1등을 차지한다고 한다. 2등, 3등도 대부분 사람이 차지한다. 말도 나름대로 잘 달리는 말이 출전했을 텐데 말이 이기지 못하다니. 진짜 말이 사람보다 못 뛰는 것일까?

엄밀히 말하면 아주 공정한 경기는 아니다. 사람은 한 가지 큰 이점을 갖고 있다. 사람은 맨몸으로 뛰지만 말은 사람을 태우고 뛰어야 한다는 점이다. 말이 알아서 길을 찾아 경주할 수는 없으니 말은 기수를 태우고 경주를 할 수밖에 없다.

사람이 오랜 시간을 달리면 온도를 조절하기 위해 땀이 난다. 몸 밖의 온도로 인해 땀은 기체로 변하며 상전이가 일어나고 몸에 있는 열을 빼앗으며 체온을 효율적으로 낮춘다. 달리는 내내 꾸준히 같은 조건으로 화학 반응을 일으켜서 몸의 온도가 높아지지 않으니 원래의 상태를 지속할 수 있다. 앞서 말했듯이 이런 조건을 이용해 사람은 지근을 발달시키고 잘 활용할 수 있었다.

대니얼 리버먼의 책《우리몸 연대기》에 따르면 사람의 다리 근육에는 지근 섬유가 많고 대둔근이 크며 체지방도 많은 편이며, 이것이 지구력이 강한 이유라고 한다. 그리고 그 덕택에 사람의 근육 속에서는 ATP와 반응하는 미오신이 굽어진 모양이 되었다가 펴지는 화학 반응이 오랫동안 꾸준히 잘 일어날 수 있기에, 다른 동물들 틈바구니에서 생존할 수 있었다는 이야기다.

4

후삼국 최후의 승리자 왕건

다시 후삼국 시대의 전투로 돌아가 보자. 왕건은 기병 5천 기를 끌고 전속력으로 개성에서 대구의 팔공산까지 달려 왔다. 그런데 지금 와서 추정해 보면 왕건이 간과한 문제가 하나 있다. 아마도 이 급격한 진격 때문에 말이 상당히 지쳐버리고 말았을 것이다. 지구력이 필요한 장거리 주행에 서 말과 사람이 똑같이 달리면 말이 먼저 지쳐버린다. 경주 를 위해 키워진 현대의 훌륭한 경주마도 결국 사람보다 뒤 처진다. 그런데 후삼국 시대의 말이 현대의 말보다 튼튼하지도 않았을 텐데 제때 도착하기 위해 5천 명의 기병대가 온 힘을 다해서 달려갔다면 말은 굉장히 지쳐 있었을 것이다. 말이 오랜 시간 지치지 않고 뛸 수 없다는 사실을 왕건이 간과했거나 아니면 알면서도 어쩔 수 없다고 생각하고 감수했을 가능성이 있지 않았을까? 나중에 유목 민족들은 말이 지치는 문제를 해결하기 위해 말을 여러 마리 끌고 다니면서 전쟁을 했다. 타고 있던 말이 지치면 끌고 온 말로 갈아타면서 싸웠으니 전쟁에서는 효율적이었을 것이다.

왕건은 팔공산에 도착했지만 말과 사람 모두 지친 상태였고 그곳에 이미 자리 잡고 있던 견훤은 최적의 상태로 진을 치고 있다가 왕건과 기병을 맞이했다. 이때 왕건의 군대는 완전히 전멸하고 병사들은 모두 흩어지거나 도망가거나 죽고 왕건 혼자 겨우 살아남아 도망가는 지경에 이르렀다. 결국 견훤은 승리를 거둘 수 있었다. 만약 이때 견훤이 왕건을 잡는 데 성공했다면 견훤과 후백제가 후삼국을 통일했을 것이다.

우리나라를 영어로 부를 때 '코리아(Korea)'라고 하는데,

보통 고려라는 나라 이름이 변해서 코리아가 됐다고들 이야기한다. 만약 고려가 아닌 후백제가 후삼국을 통일했다면 우리나라의 영어 이름은 코리아가 아니라 '백제이아'가 되었을 지도 모르겠다.

견훤은 전쟁에서 승리를 거두었지만 왕건을 잡지는 못했다. 그래서 왕건을 찾기 위해 애썼지만 결국 왕건을 찾지 못했다. 병사를 잃고 전쟁에서 지고 혼자 도망치던 왕건은 어떻게 견훤의 그물망을 피할 수 있었을까? 왕건에게는 견훤이 갖지 못한, 궁예도 갖지 못한, 최대 장점이 하나 있었다. 바로 다른 사람들에게 믿음을 받고 사랑을 받았다는 것이다. 왕건이 혼자서 도망가야 하는 절체절명의 순간에 왕건의 최측근인 신숭겸 장군이 말한다.

"제가 폐하 대신 죽겠습니다. 폐하는 제 목숨을 담보로 도망치십시오. 제가 폐하처럼 변장하고 돌아다니겠습니다. 그러면 견훤이 지금 폐하를 잡으려고 온 힘을 다하고 있으니 분명히 저를 죽이러 오지 않겠습니까? 그 틈을 타서 폐하는 도망치시면 됩니다."

신숭겸은 고려의 개국공신이자 높은 관직에 있는 장군이었지만 왕을 위해 자신의 목숨을 버리겠다고 제안한다. 신숭겸과 김락 등을 비롯해 여러 장군이 목숨을 걸고 견훤의 눈을 돌린 틈을 타서 왕건은 도망치는 데 성공한다.

참고로 신숭겸 장군은 고향인 춘천에 묻혔는데, 특이하게도 봉분이 세 개가 나란히 있다. 여기에도 전설이 하나 전해진다. 신숭겸 장군은 팔공산에서 왕건 대신 견훤에게

신장절공묘역
출처: 국가문화유산포털 공공누리1

붙잡혀서 죽었고 그때 목이 잘려 머리가 없어졌다. 후에 왕건은 신숭겸 장군을 묻어주기 위해 시신을 찾았지만 결국 머리를 찾지 못했고 왕건은 안타깝고 슬픈 마음에 장군의 머리를 황금으로 만들어 주었다. 하지만 누군가 황금을 탐내 무덤을 파헤칠까 봐 진짜 무덤 하나, 가짜 무덤 두 개를 만들었다고 한다.

1150년 고려의 16대 왕 예종 때 궁중에서 만들어진 '도이장가(悼二將歌)'라는 노래 가사를 보면 왕건이 신숭겸과 김락을 얼마나 그리워했는지가 나타난다. 왕건은 후삼국을 통일하고 난 뒤 평화의 시대가 시작되었음을 밝히며 잔치를 연다. 부하들이 축하의 잔을 올리고 잔치를 즐기고 있는 걸 본 왕건은 신숭겸과 김락이 그 자리에 없음이 마음에 사무쳤다. 결국 왕건은 신숭겸과 김락의 인형을 만들어 자리에 앉히고 그들이 살아 있는 양 함께 연회를 즐겼는데, 신숭겸과 김락의 혼이 감동했는지 풍악이 울리자 인형이 춤을 추었다는 이야기가 있다. '도이장가'는 '두 장군을 애도한다'라는 뜻으로 이 이야기를 소재로 한 것이다. 자신이

아꼈던 두 명의 장군을 그리워하는 왕건의 이야기를 후대에서 다시 기리는 노래다.

공산 전투를 전술적으로 평가한다면 왕건이 기병대를 제대로 활용하지 못해 견훤에게 붙잡혀 몰살당한, 왕건 입장에서는 완전히 실패한 전투다. 그러나 더 넓은 역사의 흐름으로 보면 공산 전투는 단순한 패배만은 아니었다. 왕건이 패했고 겨우겨우 도망쳤다는 사실을 격동의 시기를 거치던 한반도 곳곳의 세력가들이 알게 되었고 오히려 왕건에 대해 아주 강한 인상을 받게 되었다. 왕건은 자신이 불리하더라도 구해야 하는 사람, 보호해야 하는 사람을 위해서는 희생을 감수하고도 달려가는 사람이다. 즉, 신라의 장군이었으면서 신라 왕을 죽인 견훤과 달리 다른 나라의 왕이면서도 신라 왕에게 의리를 지킨 사람이다. 그리고 왕건에게는 목숨도 내놓을 수 있는 부하가 든든하게 버티고 있다. 이런 사실이 전해지며 왕건에 대한 평가는 더욱 높아졌다.

《고려사》에 따르면 왕건이 고려 태조가 된 이후 신라에 와서 경순왕을 만난 적이 있다. 이때 신라 사람들이 "예전에 견훤이 왔을 때는 이리 떼가 나타난 것 같았는데, 왕건이 왔을 때는 마치 부모가 온 것 같다"라면서 기뻐했다는 기록이 있다. 신라 사람들에게 왕건의 군대는 우리를 지켜주는 군대, 우리를 도와주는 군대로 느껴졌다는 것이다.

몇십 년에 걸친 끝없는 혼란과 전쟁 속에서 많은 이가 지쳐 있었을 테고, 많은 이가 진실로 믿을 수 있는 누군가가 더 나은 세상을 가져오면 좋겠다고 생각했을 것이다. 세상 사람들의 다수는 전쟁을 싫어하고 평화를 바라기 마련이다. 지긋지긋한 전쟁에서 벗어나 평화로운 세상을 꿈꿨을 것이다. 많은 이가 평화와 안정을 바라던 시기에 왕건은 새로운 영웅으로 떠오르며 백성들에게 전쟁의 끝을, 평화와 안정을 기대하게 했다. 왕건은 공산 전투에서는 패배했지만 많은 이의 희망을 흡수할 수 있었다.

후삼국 시대는 의외의 결말을 맞이하며 격동의 시기를

마무리한다. 견훤은 노년에 이르러 아들에게 임금 자리를 물려주려고 한다. 하지만 견훤의 아들은 한 명이 아닌 터라 아들들 사이에서 싸움이 나고 말았다. 결국 견훤은 아들들의 싸움에 휘말리다가 내쫓겨 지금의 김제에 있는 금산사라는 절에 갇혀버린다. 견훤은 한 나라를 세운 인물로 적수가 없는 전쟁의 천재라고 할 만한 인물이었지만, 가정이 화목하지 못해 허무하게도 아들에게 배신당해 절에 갇히는 신세가 되었다. 절에 갇힌 견훤이 얼마나 처량했으며 얼마나 슬펐을지 상상이 된다. 결국 아들에게 배신당한 노년의 견훤은 금산사를 탈출해 수십 년을 싸웠던 적인 왕건에게 몸을 의탁하고 아들을 벌하기 위해 도움을 달라고 요청한다.

왕건과 수십 년을 싸웠던 견훤조차 '왕건은 그래도 나를 도와주겠지'라며 따뜻하게 대해줄 것을 기대한 것이다. 왕건은 어땠을까? 보통 사람 같았으면 이 시기를 틈타 견훤을 제거하거나 조롱거리로 삼아 비웃었을 것이다. 그러나 왕건은 견훤을 따뜻하게 맞이한다. 심지어 "제가 아버지처럼 모시겠다"라고 말한다.

"저보다 연배도 위고 나라도 당신이 먼저 세웠고 전쟁터에서도 선배이니 제가 아버지처럼 모시고 정의를 구현하기 위해서 도움을 드리겠습니다."

현릉 봉분 외곽에서 출토된
왕건 청동상

왕건은 견훤을 앞세우고 후백제로 쳐들어간다. 견훤과 왕건이 손을 잡고 쳐들어오는데 형제 싸움으로 뒤숭숭했던 후백제가 당해낼 수 있을까? 도합 10만 명 정도의 군대가 고려에서 백제를 향해 나아가는데, 이 마지막 전투에서 견훤은 다시 한번 기병대, 즉 마군을 지휘한다. 이때 전투에 동원된 기록을 보면 마군을 일반 병사보다 더 많이 동원하니, 후삼국 시대는 마지막까지 말이 장식한 시대다. 이 전투에서는 이민족들로부터 동원한 경기병까지 동원된다. 견훤과 고려군은 공산 전투와 달리 낯선 곳에서 서두르며 당황할 것 없이 견훤이 속속들이 알려주는 백제 땅의 요충지를 차근차근 쳐들어갔을 것이다. 그 결과 견훤은 아들에게 복수를 하고, 왕건은 백제를 멸망시켜 통일의 염원을 이루며 후삼국 시대를 마무리한다.

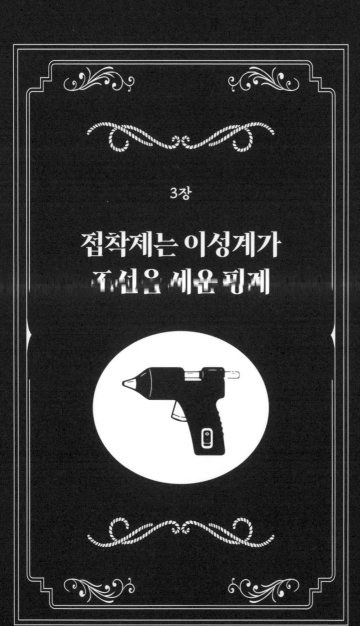

3장

접착제는 이성계가
조선을 세운 핑계

네 가지 반대 이유를 내세웠다고 해서 사불가론(四不可論)이라고 한다. 첫 번째 이유는 작은 나라가 큰 나라를 공격하는 건 위험하다. 국력이 약한 나라가 중국 대륙을 차지하고 있는 명나라를 상대하는 건 승산이 희박한 싸움이다. 두 번째 이유는 여름철에 군사를 일으키는 것은 좋지 않다. 날씨가 더워서 전투가 힘들기도 하지만 열심히 농사를 지어야 하는 시기에 농사해야 할 농민을 데리고 싸움을 했다가 가을이 되어서 먹을 것이 없어지면 어떻게 할 것인가. 나라가 저절로 망하고 말 것이다. 배를 굶주리면서 싸울 수도 없고 나라의 경제가 무너질 거라고 반대한다. 세 번째 이유는 이 틈을 타서 왜구 같은 도적들이 다시 한반도를 침략하면 방법이 없다. 백성들이 너무 많은 고통을 겪게 된다는 것이었다. 마지막 네 번째 이유는 장마철이기 때문에 '활의 교(膠)가 풀어질 것'이라고 했다.

이성계의 사불가론

신라가 당나라와 연합해 삼국을 통일했던 통일신라 시대와 수많은 영웅호걸이 등장했던 후삼국 시대를 지나 어느덧 고려 시대에 도착했다. 궁예의 부하였던 왕건이 쿠데타를 일으켜 궁예를 몰아내고 고려를 세운 뒤 후백제와 신라를 정복해 한반도 통일을 이루었다. 왕건은 고구려의 명맥을 잇는다는 의미에서 국명을 고려라 정했고, 이후 서른네 명의 임금이 474년간 한반도를 지배한 역사가 이어진다. 그 시간 덕분에 고려의 영향은 지금도 곳곳에 남아 있다.

그러나 세월이 흐르며 고려 또한 쇠락해졌고 그 결과 고려 말에 활약하던 이성계 장군이 조선을 세웠다. 태조 이성계는 500여 년의 역사를 가진 조선을 세운 왕이자 특이하게도 우리가 얼굴을 아는 임금이다. 우리가 얼굴을 알고 있는 왕을 한번 떠올려 보자. 사진이 남아 있는 고종과 순종을 제외하고는 의외로 몇 명 되지 않는다.

무엄하게도 왕의 얼굴을 그릴 수 없기 때문에 그리지 못한 것이 아니다. 왕의 얼굴을 그린 그림을 어진(御眞)이라고 하는데, 조선 시대에는 임금마다 어진을 열심히 그렸다. 조선은 고려나 삼국 시대에 비해서 압도적으로 다양하고 풍부한 기록이 남아 있는 나라다. 하지만 그 기록이 얼마나 잘 보존되었는가, 그 기록이 얼마나 공유되었는가에 대해서는 늘 안타까운 점이 있다.《조선왕조실록(朝鮮王朝實錄)》처럼 아직도 남아 있어 우리가 조선의 역사를 찾아볼 수 있는 훌륭한 자료도 있지만 분명 자료가 있을 것 같은데도 자료가 없는 게 무척 많다.

조선 시대에도 신경 써서 왕의 어진을 그렸고 어진을 그리는 화공을 뽑는 데도 심혈을 기울였다. 하지만 지금까지 남아 있는 어진은 태조, 영조, 철종, 고종, 순종 정도가 있을 뿐이다. 광화문에 가면 세종대왕 동상이 있고 지폐에도 세종대왕이 그려져 있지만 당시에 그린 세종대왕의 어진이 전해져 내려오는 것이 아니라 현대에 와서 상상으로 다시 그린 그림일 뿐이다. 유럽 각국의 수많은 초상화 자료나 중국이나 일본의 옛 초상화가 매우 풍부하게 남아 있는 것과 비교해 보면 굉장히 안타까운 일이다.

조선의 어진이 사라진 건 그리 오래되지 않았다. 20세기 중반까지도 조선의 어진 대부분은 잘 남아 있었다. 그런데 어이없게도 1954년 12월 26일, 당시 각종 유물을 보관해 놓고 있던 부산의 창고에 화재가 발생하는 바람에 대부분이 불타 없어지고 말았다. 이때 불타 없어진 유물은 어진 말고도 각종 문서, 서적류를 중심으로 족히 수천 점은 될 것으로 추정된다. 기록에 대한 공개와 공유가 워낙 부실하던 시대에 일어난 화재이기에 무슨 유물이 있었고 뭐가 타 없어졌는지도 정확히 모른다. 생각해 보면 황당한 것이 이

때 당시 어진을 사진으로 찍어 남겨두거나 각종 문서 자료를 베껴서 인쇄해 두었다면 비록 원본은 불타 없어졌더라도 적어도 그 모습, 내용은 전해질 수 있었을 것이다.

19세기 초 프랑스의 화학자 루이 다게르(Louis Daguerre)가 빛에 민감하게 반응하는 물질인 아이오딘화 은을 이용해 사진 기술을 최초로 실용화하는 데 성공했고, 19세기 후반에는 이미 광범위하게 퍼져서 조선에서도 자주 사용되고 있었다. 개화기 때 모습을 담은 사진 자료가 많이 남아 있는 것도 그 때문이다. 그러니 따져보면 거의 50년이 넘는 시간 동안 조선 임금님들의 어진을 사진으로 찍어 남겨둘 기회가 있었다. 그런데 너무 귀한 유물이니까 함부로 보여주지 않고 깊은 창고에 숨겨둬야 한다는 생각만 했던 것인지, 어진이 공개되어 사진에 찍힌 자료는 남아 있지 않다.

만약 태종과 세종의 어진을 사진으로 찍어서 신문에도 싣고 그림책에도 실을 수 있었다면 어땠을까? 그래서 수백 장, 수천 장의 그림을 이곳저곳에서 보면서 사람들이 태종 임금은 무섭게 생겼다, 세종 임금은 잘생겼다는 식으로 자연스럽게 그 내용을 문화 속에서 즐기고 활용했다면 어땠을까? 누군가는 무엄하고 불경하다고 생각할 지도 모른다. 그렇지만 그랬다면 어이없게 자료가 영영 잊히는 사건은 발생하지 않았을 것이다.

그래서 우리가 조상들의 얼굴을 알 수 있는 자료는 많지 않다. 조선 시대도 이러하니 고려 시대, 삼국 시대, 통일신라 시대는 당연히 사료가 부족하다. 그나마 다행히 태조 이성계의 어진은 전주 경기전에 남아 있는 것을 비롯해서 사진 촬영 자료도 남아 있다. 이성계의 모습이 그려진 원본의 시대상을 잘 표현하고 있으며 얼굴의 특징 또한 가감 없이 그려져 있다.

태조 이성계의 어진에서 눈썹 윗부분을 자세히 보면 볼록 튀어나온 사마귀가 보인다. 역사 기록에는 이성계의 얼굴 어느 쪽에 어떻게 생긴 사마귀가 있다고 자세히 쓰여 있는 내용이 없지만 어진을 보면 그 모습을 생생히 살펴볼 수 있다. 아마 태조 이성계는 어진을 그릴 때 미화해서 그리지 말고 있는 그대로를 그리라고 했기에 사마귀까지 숨기지

이성계의 어진

않고 그려져 있는 게 아닐까? 이성계의 솔직하면서도 당당
한 성격 때문이었을까?

보통 피부의 사마귀는 HPV 등의 바이러스 감염으로 생
기는 경우가 많고, 이런 바이러스는 손에서 묻어나는 경우
가 많다고 한다. 이성계가 반란을 일으켜 고려를 무너뜨릴
까 말까 고민할 때마다 이마를 짚고 얼굴을 긁으며 생각하

던 버릇 때문에 손에 있던 바이러스가 눈썹 쪽에 사마귀를 만들었다는 상상도 해봄 직하다.

　그렇다면 고려 말의 뛰어난 장수이자 백성들의 희망이었던 이성계는 왜 고려를 무너뜨리고 새로운 나라를 세우게 되었을까? 고려 말기는 무척 혼란스러운 시기였고 그 혼란의 뒷면에는 이성계의 세력도 상당한 역할을 했다. 우선 고려 말기의 시대상을 살펴보자.

　이성계 장군이 위화도 회군을 일으켰던 1388년은 우리나라의 정치적 혼란에 더불어 중국 또한 불안정한 시기였다. 1368년 중국 대륙과 몽골, 아시아 일대를 지배하던 거대한 제국 원나라가 무너지고 주원장이 황제로 즉위하며 명나라를 건국한다. 그 사이의 혼란으로 인해 넓은 중국의 각 지역에서 도적과 세력가, 이민족의 긴 다툼이 벌어졌다. 그 과정에 중국의 주변 지역에서도 혼란이 일어날 수밖에 없었다. 밑바닥에서 올라온 도적들, 임금을 무시하고 나라를 움켜쥐려고 하는 장군들, "내 말 믿으면 출세한다. 살아남을 수 있다. 믿음을 가져라"라고 말하는 이상한 종교 단체 사람들 등등이 저마다의 세력으로 어지러운 싸움을 벌였으니 평범한 백성들이 전쟁통에 겪던 피해는 굉장히 심각했을 것이다.

명나라의 태조 주원장은 전 세계 역사에서 손꼽힐 만한 엄청난 성공을 거둔 인물이다. 밑바닥에 가까운 삶에서 중국 대륙의 마지막 한족 통일 왕조를 열었으니 말이다. 주원장은 가난한 농부의 아들로 태어나 10대에 부모를 잃고 먹고살 방도를 마련하지 못해 절에 들어가 몸을 의탁했다. 불교를 믿었다기보다 스님이 되어서 목탁이라도 두드리면 밥이라도 먹을 수 있지 않을까 싶어서였다. 말이 승려지 사실 불교를 내세우며 구걸하러 다닌 신세에 가까웠다고 볼 수 있겠다.

주원장은 나중에 이 시기를 부끄럽게 여겼고 신하들이 승려나 불교에 대해 조금만 이상한 분위기로 말하면 "너 내가 옛날에 목탁 치고 다니면서 밥 얻어먹었다고 비웃으려고 그런 이야기한 거지?"라는 식으로 말할 정도였다. 이후 주원장은 본격적으로 도적이 된다. 그리고 도적단을 이끌고 대륙을 휩쓸고 다니다가 점차 큰 세력을 이루었고 결국 나라를 세우겠다고 결심하고 명나라의 황제가 된 것이다.

명나라 황제가 도적 출신일 정도니 중국 대륙이 얼마나 혼란스러웠을지 짐작이 갈 것이다. 당연히 가까운 한반도에도 그 영향이 미쳤다. 빨간색 두건을 두르고 다니는 도적이라 홍건적이라 불린 도적들이 개경까지 침입했고 바다에는 해적질을 하는 왜적이 들끓었다. 우리나라는 오랜 시간 수없이 많은 왜적의 침입을 받았지만 고려 말에 제일 피해가 컸다고 할 정도로 해적이 들끓었다고 한다. 무너진 몽골 제국의 장군이었던 나하추라는 이까지 수만의 병사를 끌고 고려를 공격해 큰 피해를 주었다. 이때 이성계 장군이 나하추를 물리치며 공을 세웠고 이 덕분에 고려에서 더욱 이름을 드높이게 되었다.

한 나라의 장군이었던 자까지 침략을 할 정도니 고려 백성은 괴로울 수밖에 없었다. 사방에서 적이 침략하고 내부에서는 권문세족이 부를 쌓기 위해 백성을 괴롭히니 생명의 위험과 삶의 위험을 동시에 겪고 있었을 테다. 그런 시대에 이성계 장군은 백성들의 희망과도 같았다.

이성계는 활을 엄청나게 잘 쏘는 장군으로 유명했는데, 이성계 장군뿐만 아니라 친구들도 백발백중으로 활을 엄청나게 잘 쏘는 사람들이었다. 이성계의 활 실력을 증명하는 하나의 일화가 있다. 이성계와 친구들이 최고조의 기량일 때는 화살을 걸지 않고 빈 활만 쏴도 토끼 같은 조그마한 짐승은 그 기세 때문에 쓰러졌다는 것이다. 지금 들으면 너무나 비현실적인 이야기라 웃음이 날 것 같지만 그만큼 이성계의 활 솜씨가 뛰어났다는 소문이 사람들 사이에서 널리 퍼져 있었다는 사실을 보여주는 일화라고 본다.

어쨌든 백성들은 해적에게, 홍건적에게, 도적에게 시달리며 모두 죽음을 걱정하고 있는데 이성계 장군이 부하를 데리고 깃발을 날리면서 나타나면 "우리는 살았다. 이성계 장군님이 나타나면 도적들은 다 끝장이지"라고 안도할 정도로 믿음을 주었다. 어차피 뭘 해도 가난을 피할 수 없고 생명의 위협까지 느끼며 성공하기 어려운 혼란한 상황에서 차라리 이성계 장군 밑에서 함께 싸우겠다는 사람들도 생겼고 그 결과 이성계 장군은 엄청난 세력과 명망까지 갖게 되었다.

지금 우리가 보았을 때 이성계 장군은 결국 고려를 망하게 하고 새로운 나라를 세웠지만 혼란스러운 고려 말기에는 백성들의 마지막 희망이었다.

나라가 망할 때는 여러 가지 상황이 겹쳐지는데, 고려 또한 이상한 사건 하나를 겪게 된다. 바로 고려에서 중국 대륙의 요동을 차지하려는 정벌을 계획한 것이다. 수많은 침략으로 혼란스러웠던 고려에서 무슨 여력이 있어 요동을 정벌하려고 했을까 싶지만 당시에는 나름의 이유가 있었다. 요동 지역은 지금의 베이징이 있는 화북 지방과 고려의 수도인 개경의 중간에 위치한 곳이다. 이 부근에는 요하라는 강이 흐르고 있는데, 요즘은 대략 요하의 동쪽은 요동, 요하의 서쪽은 요서라고 보는 경우가 많다. 요동 지역은 중국과 우리나라 사이의 요충지로 역사적으로 중요한 위치였다. 또한 원나라가 무너진 뒤 몽골군이 원래의 본거지인 북원으로 후퇴하는데, 요동은 북원과도 가까운 지역이다 보니 몽골과 중국과 고려의 세력이 연결될 수 있는 중요한 지역이었다.

그러다 보니 요동 지역도 혼란스럽기는 마찬가지였다. 한때는 고구려의 땅이기도 했고 삼국 시대 통일 이후에는 신라가 잠깐 점령하기도 했고 발해의 땅이기도 했으며 도적들이 점령했다가 고려까지 쳐들어오기도 했고 고려 공민왕이 점령하기 위해 출정한 적도 있었다. 고려 말기에는 명나라의 땅이었으나 고려에서는 요동 지역을 차지해 버리면 명나라를 견제할 수도 있고 잡다한 도적이나 다른 나라 세력이 고려를 건드리면서 혼란을 일으키는 것을 미리 방어할 수 있겠다고 생각해 요동 정벌을 계획한다.

더군다나 고려 후기에는 원나라가 고려에 간섭하는 원 간섭기를 거쳤고 그렇게 교류하다 보니 원나라에서 성공한 고려 사람도 등장할 정도였다. 고려의 26대 왕인 충선왕은 고려의 임금이며 아버지는 25대 왕인 충렬왕이었지만 어머니는 쿠빌라이 칸의 딸인 제국대장공주였다. 충선왕은 고려의 왕이었지만 원나라에서 더 오랜 기간을 살았고 정치적으로도 성공해서 요동 지역을 다스리는 심왕이라는 지위도 받는다.

"당신은 고려 왕이지만 심왕도 해라. 당신은 두 나라의 왕이다."

물론 고려처럼 자기 마음대로 다스릴 수 있는 건 아니지만 왕관이 두 개가 있는 특이한 상황에 있는 임금도 등장했기 때문에 고려 입장에서는 나름대로 요동 지역에 연고가 있기는 했다.

1370년 공민왕 때는 고려군이 요동을 쳐들어가 전쟁에 승리해서 잠깐 점령한 적도 있었다. 한반도의 역사에서 요동, 요서 일대에서 영토를 넓힌 시기로는 고구려 광개토대왕의 정복 전쟁이 무척 유명하지만 고려 또한 잠시나마 요동 지역을 점령한 적이 있다. 하지만 꼼꼼하게 전략을 구상해서 간 것이 아니었기에 일단 갔다가 다시 돌아오고 말았다.

명나라 입장에서는 요동을 들락거리며 세력을 유지하는 고려가 탐탁찮았을 것이다. 당대의 명장 최영 장군은 명나라가 자꾸 고려를 압박하니 명나라에 대적하기 위해 아예 요동까지 우리 땅으로 만들어야겠다고 주장했고 우왕의 허락하에 요동 정벌을 준비하며 군사를 모으고 출격한다. 요동 정벌이 결정되었으니 과연 누구를 선봉으로 보내야 할까? 당연히 고려에서 제일 뛰어난 장군으로 꼽히는 최영과 이성계다.

최영은 "황금 보기를 돌같이 하라"라는 말로 유명한 고려 말기의 충신이자 장군이다. 사실 이 말은 최영 장군의 아버지 최원직의 유훈이었다. 최영은 수많은 난을 평정한 당대 최고의 명장이었으며 우왕의 장인이기도 했기에 막강한 세력을 가지고 있었다. 공민왕 시기부터 활약했던 최영 장군은 원나라와 홍건적, 왜구를 막아내며 고려를 지킨 충신이었다.

고려의 명장인 최영과 이성계를 선봉에 세워 요동 정벌을 떠나다니, 고구려 때는 우리 땅이었던 곳을 다시 정복하기 위해 떠난다니 얼마나 큰 꿈에 부풀었을까?

그런데 이성계 장군이 요동 정벌을 반대한다. 네 가지 반대 이유를 내세웠다고 해서 사불가론(四不可論)이라고 한다. 첫 번째 이유는 작은 나라가 큰 나라를 공격하는 건 위험하다. 국력이 약한 나라가 중국 대륙을 차지하고 있는 명나라를 상대하는 건 승산이 희박한 싸움이다. 두 번째 이유는 여름철에 군사를 일으키는 것은 좋지 않다. 날씨가 더워서 전투가 힘들기도 하지만 열심히 농사를 지어야 하는 시기에 농사해야 할 농민을 데리고 싸움을 했다가 가을이 되어서 먹을 것이 없어지면 어떻게 할 것인가. 나라가 저절로 망하고 말 것이다. 배를 굶주리면서 싸울 수도 없고 나라의 경제가 무너질 것이다. 세 번째 이유는 이 틈을 타서 왜구 같은 도적들이 다시 한반도를 침략하면 방법이 없다. 백성들이 너무 많은 고통을 겪게 된다는 것이었다. 마지막 네 번째 이유는 장마철이기 때문에 '활의 교(膠)가 풀어질 것'이라고 했다.

2

'활의 교'란 무엇인가

사불가론에서 앞의 세 가지 이유는 어느 정도 수긍이 된다. 당시 상황을 생각하면, 그럴 듯하게 들렸을 만한 이야기다. 그런데 네 번째 이유는 무슨 뜻일까? 바로 이 네 번째 이유가 우리가 이야기할 내용이다. 장마철이기 때문에 '활의 교가 풀어진다'라니, 도대체 무슨 뜻일까? 우선 활의 '교'란 활에 사용했던 접착제로 아교(阿膠)를 뜻한다.

우리나라에서 병사들이 사용하던 활 중에 제일 성능이 좋은 것으로 평가하는 활은 각궁(角弓)이었다. '뿔 각(角)'자를 써서 각궁이라고 불렀는데 물소의 뿔을 사용했기에 그런 이름이 붙었다고 한다. 현대에도 합성궁이라고 해서 재료 하나로만 활을 만들지 않고 여러 개의 재료를 결합해서 활을 만들면 탄성이 좋고 튼튼하고 화살을 멀리 날

김홍도의 활쏘기

릴 수 있는 좋은 활이 된다. 각궁 또한 합성궁으로 나무, 물소의 뿔, 소의 힘줄 등을 아교로 접합해 활을 만들었다.

활을 만들 때 여러 가지 동물의 뿔로 실험을 했을 텐데, 너무 딱딱하면 활을 당겼을 때 부러져버릴 것이고 너무 물렁물렁하면 활을 당겼을 때 고무처럼 늘어나 화살이 제대로 날아가지 않는다. 아마 실험을 해본 결과 물소 뿔이 제일 좋았기 때문에 고려 시대와 조선 시대 사람들은 물소 뿔로 활을 만들고자 했을 것이다. 그리고 그 때문에 고려와 조선 조정에서는 물소 뿔을 구하려고 굉장히 노력하기도

했다. 물소는 우리나라에서 사는 동물이 아니라, 뿔을 수입해야 했고 그 당시 기술자나 과학기술인은 이런 재료를 구하는 게 골칫거리 중 하나였다.

지금처럼 택배 배송이 쉬운 시대에는 상상하기 어렵지만 15세기에는 물소 뿔을 수입하는 것이 너무 힘드니까 물소 자체를 수입해서 조선에서 길러보자고 시도한 적이 있었다. 특히 성종 시기에 물소 사육이 상당히 의욕적으로 진척되었던 것으로 보이며, 어느 정도의 성과를 거두었다는 기록도 보인다. 그러나 결국 완벽하게 성공하지 못하고 물소의 정착에 실패한다. 왜 실패했을까?

우선 과학적인 이유를 생각해 볼 수 있겠다. 주로 따뜻한 나라에 사는 물소가 한국의 추위에 견디지 못했기 때문에, 혹은 물소가 먹을 수 있는 풀이 한정되었기 때문에 한반도에서는 살기가 힘들었을 것이다. 《조선왕조실록》에 따르면 당시 한반도 사람들은 소고기를 먹으려고 소를 키우는 게 아니라 농사 일을 하는 데 활용하기 위해 소를 키웠는데, 이 물소들은 한국 소와 달라서 밭갈이나 농사 일을 시킬 때 반항이 너무 심해 활용할 수가 없었다고 한다. 물론 물소도 방법에 따라 다른 일을 시킬 수 있었을 것 같은데 조선 사람들이 그런 기술을 개발하지는 못한 듯하다. 이도 저도 쓸모가 없으니 백성들이 다 싫어하고 "임금님이 물소 좀 키우라고 했는데 도저히 못 키우겠습니다. 이러다가 물소 키우다 내가 죽겠습니다"라고 반응했을 테니 결국 포기하고 만다. 그래서 물소 뿔을 구하기 위해서는 결국 수입에 의존해야 했다.

그러다 보니 어렵게 수입해야 하는 물소 뿔을 사용하는 각궁은 만들기도, 구하기도 어려웠다. 외국에서 물소 뿔을 수입한다고 하더라도 그나마 가까운 국경 지역에 물소가 살고 있어서 그때그때 쌀과 물소의 뿔을 바꾸면 좋겠지만 물소의 뿔을 구하려면 중국 남쪽이나 동남아시아, 바다 건너 류큐 왕국까지 가야 했다. 그래서 언제나 활을 대체할 수 있는 무기를 찾았고 결국 조선 후기가 되면 활 대신 총이나 대포를 쓰는 쪽으로 무기의 형태가 바뀐다. 그래서 임진왜란을 배경으로 한 영화를 보면 활은 어느새 사라지고 대포나 총통 등을 쓰는 장면이 자주 보인다.

이성계 장군과 그 친구들의 주요 무기였던 활을 만들기 위해서는 물소 뿔만 필요한 것이 아니다. 몇 종류의 나무와 핵심 재료인 접착제가 필요하다. 물소 뿔과 나무를 연결하려면 접착제가 필요한데, 지금이야 가게에 가서 본드를 사면 되지만 고려 시대에는 무엇으로 본드를 대신했을까? 설마 밥풀이라고 상상하는 사람은 없겠지?

당시 활을 만들기 위한 접착제로 쓴 것이 이성계의 사불가론에 등장하는 '교'다. 교는 크게 아교와 부레풀로 나뉘는데 둘 다를 통칭해서 아교라고 부르기도 한다. 주로 동물의 가죽을 삶고 거기서 나오는 물질을 뽑아서 만든 접착제를 아교라고 하고 물고기가 물에 떴다가 가라앉았다가를 조절하는 장기인 부레를 잘라서 삶은 뒤 진득진득한 성분만 뽑아내서 만드는 게 어교라고도 부르는 부레풀이다.

물고기를 잡으면 매운탕이나 끓여 먹고 내장은 거의 손질해서 버리는데, 한 호기심 많은 사람이 버리는 내장이 아까운데 이걸로 뭘 할 수 있을까 고민해서 나온 것이 아닐까 싶다. 우리나라에서 활을 만들 때는 부레풀을 많이 이용했다고 추정한다. 물고기 중에서도 특히 민어를 잡아 부레를 떼서 부레풀을 만들면 더 좋다고 한다.

놀랍게도 온갖 접착제가 다양하게 등장한 지금도 아교를 사용한다. 전통 회화를 그릴 때 물감을 그냥 물에 타서 색칠하는 것보다 아교에 타서 색칠하면 질감이 더 좋고 더 정확하게 물감이 달라붙어서 오래 보존된다고 한다. 지금도 아교는 구하기 쉽고 섭삭세의 흉노보나는 둘삼에 쉬어 쓰는 용도로 쓰고 있다.

물론 현대의 물감을 이용하면 더 간단하고 쉽게 그림을 그릴 수 있다. 예를 들어 플라스틱 제조 기술을 이용해 탄생한 아크릴 물감 같은 재료는 물에 녹여서 사용할 수도 있고 그대로 굳으면 플라스틱처럼 변해서 유화와 닮은 강렬한 질감을 내기 때문에 간편하게 선명한 색을 내는 다양한 그림을 그리기에 매우 편리하다. 그러나 한국화, 전통 회화에서는 새로운 기술로 그림이 변해가기 이전 시대, 옛 한국 그림의 색감과 질감을 최대한 살리기 위해 노력하는 경우가 많다. 그러다 보니 현대 화학 기술을 이용한 물감 대신 예전에 쓰던 재료, 혹은 그런 재료와 비슷한 느낌이 나는 재료를 활용해야만 하는 상황에 처하게 된다. 예전부터 사용하던 아교가 필요할 수밖에 없는 이유다.

참고로 현대 과학 용어 중에 아교 세포라는 것이 있다. 아교 세포를 추출해서 아교를 만든다거나 하는 것은 전혀 아니다. 신경과 신경 사이에 있는 세포 중에 신경을 붙여주는 접착제처럼 보이는 것이 발견되었는데, 그런 형태 때문에 접착제라는 의미가 있는 글리아(Glia)라는 이름이 붙었고 그 말이 번역되면서 아교 세포라는 말이 생긴 것뿐이다.

왜 아교에는 찐득하게 달라붙는 성분이 있는 걸까? 바로 요즘 무척 인기가 많은 콜라겐(collagen) 덕분이다. 콜라겐이 몸에 좋고 콜라겐을 먹어야 피부도 좋아지고 관절에도 좋다는 말을 많이 들었을 텐데, 콜라겐이란 도대체 무엇일까? 콜라겐의 '콜라(kolla)'는 그리스어로 접착제라는 뜻이다. 콜라겐은 접착제를 겐(gen), 즉 만드는 것이다. 옛날 유럽 사람들도 콜라겐이 끈적끈적한 접착제 같은 물질이라고 생각했기에 이런 이름이 붙은 것이다.

콜라겐을 산성 성분이나 염기성 성분을 이용해 가공하면 젤라틴이 된다. 요리를 진득진득하게 만들고 싶을 때 사용하는 젤라틴 말이다. 쫄깃쫄깃한 젤리, 탱글탱글한 푸딩, 말랑말랑한 마시멜로 등에 젤라틴이 들어간다. 그러니까 젤라틴은 콜라겐을 화학적으로 변화시켜서 굳힌 것이다. 아교 또한 콜라겐이 들어 있어 찐득찐득하고 마르면서 접착이 된다.

콜라겐에서 출발한 재료인 아교와 젤라틴을 비교해 보면, 아교는 과거에 비해서는 훨씬 덜 사용되는 물질이다. 그러나 젤라틴은 생활 수준이 높아지고 유럽 식문화가 전 세계에 퍼지면서 지금도 다양한 용도로 광범위하게 사용되고 있다. 그런 만큼 콜라겐을 이용해 젤라틴을 만드는 방식도 다양하다.

과거 젤라틴을 만드는 가장 전통적인 방법은 소나 돼지

의 뼈와 가죽을 푹 고아낸 뒤 가공을 거치는 것이다. 원재료만 보면 곰탕을 끓였을 때, 곰탕을 냉장고 등에 보관하다 보면 푸딩같이 탱탱하게 굳는 상태가 되는 것과도 비슷하다. 그러나 세부 사항은 상당히 달라서, 원재료 속에 들어 있는 뼈 성분을 제거하는 공정이 필요하기도 하고 콜라겐 성분을 잘 녹여서 빼내기 위한 반응도 있어야 한다. 그러다 보니 젤라틴 제조 공장 풍경은 자극적인 기사의 소재나 식품 제조 회사를 공격하는 빌미로 사용되는 일도 종종 있다. 흔히 소가죽이라고 하면 구두나 가방을 만드는 재료라고 생각하지 않는가? 그런데 그런 재료로 어린이들 간식인 젤리를 만든다면서 뭔가 못 먹을 것을 만든다는 듯 기괴한 기분을 줄 수 있다. 그런 이유로 젤라틴 제조 과정의 특정한 공정을 일부러 기괴하게 묘사한 자료도 어렵잖게 찾아볼 수 있다.

3

아교의 원리와
접착이란 무엇인가

물고기의 부레에서 끈적끈적한 성분을 뽑아내는 것이 부
레풀, 즉 아교다. 그리고 이 끈적끈적한 성분이 바로 콜라
겐이다. 독특하게도 콜라겐은 항상 물렁물렁하거나 항상
굳어 있는 상태가 아니다. 이런 특징 덕분에 콜라겐을 접착
제로 쓸 수 있는 것이다. 왜 콜라겐은 어떨 때는 물렁물렁
하다가 어떨 때는 굳어 있는 걸까? 콜라겐이 굳어서 물건
과 물건을 접착시키는 형태와 풀어져 있어서 풀칠을 할 수
있는 형태의 차이는 단백질에 연결되는 방식이 다양하다

는 사실에서 비롯된다.

달걀을 생각해 보자. 달걀을 삶으면 달걀흰자와 달걀노
른자가 모두 굳어버린다. 반면 물은 아무리 끓여도 굳어지
지 않는다. 현대 과학에서는 이를 단백질의 변성으로 설명
한다. 단백질은 기본적으로 실 모양이다. 그런데 사람의 몸
에서는 실 모양 그대로 활용되지는 않는다. 흔히 사람의 몸
이 단백질로 이루어졌다고 하는데, 사람의 몸에 있는 단백
질도 실 모양이라면 사람도 실처럼 생겨야 하는데 그렇지
는 않다. 실제로 단백질이 활용될 때는 저마다 복잡한 방식
으로 얽히고설켜서 일정한 구조를 만든다.

어떤 단백질은 세모 모양으로, 어떤 단백질은 네모 모양
으로, 어떤 단백질은 팔자 모양으로, 저마다 각각 필요한
모양대로 일정하게 꼬이고 엉켜서 원래는 실 모양의 단백
질이 특정한 모양을 이룬다.

좀 더 복잡한 이야기를 해보면, 단백질의 기본 재료는 아
미노산인데 아미노산이 줄줄이 실 모양으로 연결되어 있
다고 치고 단백질의 모양을 따지는 것을 단백질의 1차 구

조라고 한다. 이때 아미노산과 아미노산이 연결되어 있는 모양을 펩타이드 결합이라고 부른다.

실제 단백질은 실 모양으로 이루어져 있지 않고 꼬여서 복잡한 모양을 이루는데, 이때 규칙적으로 쉽게 생길 수 있는 몇 가지 모양이 있다. 예를 들어, 실 모양의 단백질은 나선형으로 꼬이는 모양이 자주 나타나며, 그만큼 자주 나타나는 모양으로는 실이 규칙적으로 차곡차곡 쌓여서 평평한 종잇장이나 판 같은 모양을 이루는 경우도 있다. 이렇게 규칙적으로 쉽게 생길 수 있는 몇 가지 모양이 얼마나, 어디에서 나타나느냐로 단백질 모양을 따지는 것을 단백질의 2차 구조라고 한다.

결국 단백질은 여러 가지 방식으로 꼬여서 특정한 하나의 입체적인 모양을 이루는데 그 모양을 있는 그대로 따지는 것을 단백질 한 조각의 3차 구조라고 한다. 단백질은 몸속에서 한 조각만 움직이기보다는 몇 개의 단백질이 붙어다니며 활동하는 경우가 많다. 이렇게 여러 단백질이 붙어서 움직이는 모양까지 따지는 것을 단백질의 4차 구조라고 한다.

　간혹 펩타이드는 1차 구조 단백질이고, 케라틴은 2차 구조 단백질이고, 미오글로빈은 3차 구조 단백질이라는 식으로 단백질의 종류에 따라 1차 구조, 2차 구조, 3차 구조로 나뉜다고 오해하는 경우가 있는데, 단백질이 그 종류에 따라 1차 구조, 2차 구조, 3차 구조로 나뉘는 것은 전혀 아니다. 단백질 하나를 놓고도 그 모양을 따지는 방식에 따라 엉켜 있는 전체적인 모양을 그대로 살펴본다면 3차 구조를 보는 것이 되고, 엉켜 있는 모양이 다 풀어 헤쳐져 있다고 가정하고 어떤 아미노산들이 어떤 순서로 연결되어 있느냐만을 따지며 단백질의 특징을 살펴본다면 1차 구조를 보는 것이 된다.

　만약 단백질에 열을 가하면 단백질을 구성하고 있는 입자 하나하나, 원자 하나하나가 심하게 떨린다. 온도가 높다는 것은 그것을 구성하고 있는 입자가 떨리고 있다는 뜻이다. 여기 돌이 두 개 있다. 하나는 뜨거운 돌이고 하나는 차가운 돌이다. 만져보면 차가운 돌은 너무 차갑고 뜨거운 돌

단백질의 결합

aa(=amino acid=아미노산)

1차 구조

aa₁ ⟩ aa₂ ⟩ aa₃ ⟩ aa₄ ⟩ aa₅ ⟩ aa₆ ⟩ aa₇ ⟩ aa₈

2차 구조

수소 결합

수소 결합

3차 구조 ⟶ 4차 구조

은 너무 뜨겁다. 하지만 눈으로 봤을 때는 차가운 돌이나 뜨거운 돌이나 색깔도 똑같고 겉으로 보기에는 다를 바가 없는데 무슨 차이로 어떤 돌은 뜨겁고 어떤 돌은 차가운 걸까? 뜨거운 물질은 우리 눈에는 정확하게 보이지 않지만 그 물질을 이루고 있는 입자들이 평균적으로 빠르게 떨리고 있을 때 손을 대면 뜨겁다고 느낀다. 그것이 온도다.

그래서 단백질에 열을 가하면 단백질을 구성하는 입자가 떨리기 때문에 원래의 얽히고설킨 모양이 풀릴 수 있다. 이렇게 엉킨 모양이 바뀌는 것을 '단백질의 변성'이라고 한다. 달걀 같은 경우는 원래 녹아 있는 상태로 있었던 단백질에 물을 붓고 열을 가하면서 모양이 풀리고 서로서로 엉켜들면서 큰 덩어리가 된다. 단백질의 변성 때문에 달걀을 삶으면 굳게 된다.

열을 가하는 것 말고도 단백질의 엉킨 모양을 바꾸어 형태와 성질을 바꿔주는 방법은 여러 가지가 있다. 단백질의 종류에 따라 다르지만 어떤 단백질은 산성이나 염기성을 조절해 주거나 온도를 높이거나 낮추어 모양이 풀리는 경우도 있다. 예를 들어 프랑스 요리에서는 달걀에 식초나 레몬주스, 소금 등의 재료를 넣어 달걀 성분을 조금 더 걸쭉하게 만드는 작업을 하는 경우가 있다. 잘만 하면 달걀을 삶지 않고도 마치 살짝 익은 것과 비슷하게 탱탱하게 바꾸어주는 작업을 할 수도 있는 것이다. 식초, 레몬주스의 산성 성분이 달걀 단백질과 반응하여 원래부터 꼬여 있던 모양을 잠깐 풀리게 하는 바람에 처음 모양을 잃고 다른 모양으로 바뀐 것이다. 경우에 따라서는 원래 삼각형 모양의 단백질을 한번 풀어준 다음 변형을 가해 사각형 모양으로 바꾸었다가 다시 조건을 바꿔주면 원래의 삼각형 모양으로 바꿀 수 있다는 식으로 오락가락하며 모양을 바꿀 수도 있다.

이렇게 여러 가지 조건에 따라 형태가 바뀔 수 있는 단백질의 성질을 이용해서 물 같은 상태로 보이는 단백질을 여기저기 바른 다음 적절하게 말려서 서로서로 잘 달라붙도록 한 뒤 다시 굳도록 만드는 것이 아교 같은 접착제의 원리다. 특히 단백질이라는 물질이 온도를 달리했을 때 변형

되는 성질을 이용하는 것이 가장 간편하다. 달걀찜을 만들 때 달걀에 파나 당근을 잘라 뿌려놓고 찜을 만들면 파와 당근이 있는 위치에서 그대로 굳으며 붙어버리는데, 그 원리와 아교의 접착 원리는 상당히 비슷한 셈이다.

하지만 습도가 높아지면 어떻게 될까? 주변에 수분이 많아지면 엉겨 있는 단백질 사이사이로 수분이 들어갈 수 있다. 그러면 나름의 방식으로 꼬여서 연결되어 있는 단백질의 성질을 의도한 그대로 활용하는 데 방해가 된다. 단백질 종류에 따라 꼬여 있는 것이 조금 느슨해질 수도 있다. 그래서 이성계가 여름철에는 높은 습도로 아교가 느슨해져 약해질 수 있기 때문에 요동 정벌에 반대한다고 말한 것이다. 실제로 현대에도 활을 쓰는 분들의 이야기를 들어보면 여름철 습도가 높을 때는 활의 탄성이 달라진다고 한다.

그런데 이런 이유로 여름에는 국궁 대회를 하지 않을까? 그렇지 않다. 7월에도 8월에도 대회가 열리고 활쏘기를 한다. 물론 탄성이 달라져서 평소와는 다른 느낌이 들지는 모르겠다. 하지만 아무리 장마철이라고 해도 활이 아예 안 나

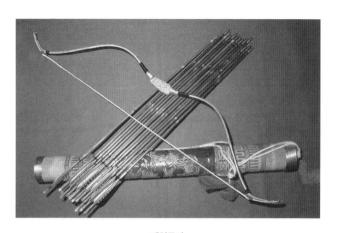

세텹글칸
출저: 국가문화유산 포털 공공누리1

갈 정도는 아니다. 10만 명의 군사가 일제히 화살을 발사했을 때를 가정하면 그 공격력이 전쟁의 승패를 좌우할 만큼 달라질 일은 없을 것이다. 굳이 추측해 보자면 선봉에 선 장군의 입장에서 뛰어난 솜씨를 자랑하며 사기를 북돋워 주어야 하는데 원래보다 화살이 살짝 빗나가는 것이 싫을 수는 있을 것이다.

물론 이성계 장군은 나름대로 할 말이 있을 것이다. 화살

쏘는 실력으로 워낙 유명한 장군이다 보니 "아니, 내가 활 쏘는 실력이 엄청나고 100미터 밖에서 지나가는 사람의 급소를 정확하게 맞추는 게 주특기인데 활의 감이 조금만 달라져도 활쏘기가 달라지지"라고 말할 수 있지 않을까? 제일 앞장서서 적장이 나올 때 적장에게 활을 쏴야 우리 군대의 사기가 오르고 전쟁에서 기세를 잡을 텐데 그런 모습을 보이지 못할 수 있다고 주장하면서, 아교를 핑계로 떠올렸던 건 아닐까.

4

현대의 접착제

조선 시대 사람들은 단백질의 구조와 원리를 이해하고 아교를 사용하지는 않았겠지만 단백질의 변성을 이해하고 접착제를 만들 수 있었다. 그렇다면 단백질의 구조와 원리를 이해하고 있는 현대에는 어떤 접착제를 사용할까?

우리가 보통 사용하는 접착제는 물렁물렁하거나 액체같이 흐르는 상태인데 바르고 싶은 곳에 바르고 다른 물건을 붙이면 딱딱하게 굳으면서 접착된다. 이런 성질을 가진 물질로 접착제에 가장 적합하며 현대에 널리 사용되고 있는 성분이 바로 플라스틱이다. 플라스틱의 가장 큰 장점은 열과 압력을 가하면 모양이 마음대로 바뀌고 열과 압력을 빼면 그대로 굳어서 모양이 유지된다는 점이다. 그래서 플라스틱으로 만든 제품은 다양한 모양으로 가공하기가 쉽다. 만드는 데 단가가 적게 들고 노력이 적게 들어가는 것 또한 플라스틱의 가장 큰 특징이다. 그런 플라스틱의 특징을 이용해 플라스틱 중에서도 물컹하고 거의 물과 다름없을 만한 것이면서 잘만 하면 그대로 굳히기도 쉬운 것을 개발해서 접착제로 쓰게 된 것이다.

플라스틱으로 접착제를 만드는 방식은 여러 가지가 있다. 일상적으로 가장 많이 사용하는 것은 폴리비닐 알코올, 즉 PVA(polyvinyl alcohol)라고 하는 플라스틱이다. 예전부터 PVA는 투명한 판 같은 것을 만드는 데 많이 썼고 PVA를 재료로 다시 여러 가지 물질을 만들면 더 다양한 재료를 개발할 수도 있다. 원단으로도 활용해 스포츠 타월 소재로도 쓰인다. 한국 과학자 이승기 박사가 나일론에 이어 세계에서 두 번째로 개발한 합성 섬유인 비날론의 재료도 PVA였다.

우선 PVA를 묽게 만들어 수분과 함께 바르기 좋은 상태가 되도록 가공한다. 이것을 풀처럼 사용해 붙이고 싶은 부위에 바른다. 그 뒤 습기가 말라서 빠져나가면 PVA의 플라스틱 성분만 남아서 딱딱하게 굳는 접착제가 된다.

에폭시 접착제는 에폭시수지로 만든 플라스틱 접착제로 강철이나 목재, 구리 등 다양한 재료를 접합할 때 사용한다. 두 가지 플라스틱 성분을 이용해 두 개가 섞이면서 화학 반응이 일어나는 특징을 활용해 접착제로 만든 것이다. 이런 식으로 구석구석 스며들어 바르기 좋은 상태의 물질이면서 화학 반응의 결과 굳어지는 상태로 쉽게 바꿀 수 있는 물질이 있다면 접착제로 활용해 볼 가능성이 크다. 예를 들어 순간접착제로 많이 사용하는 물질은 에틸2-사이아노아크릴레이트다. 이 성분은 약간의 물을 섞어주면 물과 화학 반응을 일으키며 굳는다. 아주 약간의 물이면 충분하기 때문에 에틸2-사이아노아크릴레이트는 보통 밀봉한 상태로 보관하다가 접착시킬 부위에 바르면 공기 중의 수분과 잠깐 사이에 화학 반응을 일으키며 굳어버리고 그러면 우리가 흔히 생각하는 플라스틱 재질처럼 변한다.

만약 아무리 비가 많이 와도, 습도가 아무리 높아도 상태가 달라지지 않는 플라스틱 접착제가 고려 말에 있었다면 이성계 장군의 사불가론에서 네 번째는 빠졌을 것이다. "무슨 소리야? 우리 접착제 다 플라스틱으로 바꿨는데! 습기 높다고 상태 달라지고 이런 거 없어! 어서, 요동으로 싸우러 가!"라고들 하지 않았을까?

그러나 당시 정황을 생각해 보면 설령 플라스틱 접착제가 있었다고 하더라도 이성계는 계속 요동 정벌을 반대했을 것이다. 실제로 요동 정벌을 반대한 이성계 장군은 어떻게 되었을까? 이성계 장군은 사불가론에도 불구하고 출정하라는 명을 받았고 당시 백성들은 10만 명의 고려군이 요동으로 출동한다며 기세가 등등했다고 한다. 어마어마한 군대를 통솔할 사람으로는 당연히 고려에서 제일 유명하고 인정받는 장군이었던 이성계가 뽑혔다. 원래는 선배이자 왕의 장인이기도 했던 최영 장군이 총대장이 되어야 하는 상황이었는데 그렇게 되지는 않았다.

《고려사절요》 등의 기록에 따르면 당시의 임금이었던 우왕이 최영 장군에게 "지금 나라가 너무 혼란스러운데 최영 장군이 없을 때 나쁜 놈들이 그 틈을 타서 궁전을 공격하면 어떡합니까? 제일 믿음직한 최영 장군은 나와 궁전을 지켜주시는 역할로 남아주세요"라고 부탁했다는 것이다. 보기에 따라서는 임금이 자신을 쫓아내고 고려를 뒤엎으려는 사람들이 있다는 낌새를 눈치챘기 때문에 두려움에 휩싸였던 것이라 생각할 수도 있겠다.

실제로 최영 장군이 제주도에서 일어난 군사적인 충돌을 정리하기 위해 제주도에 가서 싸웠을 때 궁궐에 도적이 들어와 임금이 도망을 간 적이 있었다. 그런 경험이 있었기에 우왕은 최영 장군의 출정을 반대할 수밖에 없었다. 그 때문에 이성계 장군만이 요동을 정벌하러 떠나게 된다. 후세에서 봤을 때는 이런 결정 때문에 반역이 일어났다고 보지만 당시 왕에게는 어쩔 수 없는 선택이었을 것이다.

1388년 음력 5월 7일 이성계 장군은 압록강을 건너서 만주 땅으로 가기 위해 위화도에 도착했다. 위화도는 지금의 북한 평안북도 신의주시에 해당하며 여의도보다 더 큰 하중도다. 하중도는 강 한가운데 있는 섬으로 강의 유속이 느려지면서 퇴적물이 쌓여서 생성되는데 위화도는 지금이나 당시나 군사적으로 중요한 땅이었다. 이성계 장군은 위화도에 도착해서 도저히 요동 정벌을 할 수 없다고 판단한 뒤 군사를 되돌려 고려의 수도 개경으로 돌아간다. 그 유명한 위화도 회군이다.

역사책을 보면 회군의 이유가 이렇게 적혀 있다. 군량미도 부족하고 사기도 떨어지고 비도 오고 그래서 부하들이 "못 싸우겠어요. 미치겠습니다. 우리 도저히 못 싸우겠어요"라고 했고 이성계 장군은 부하들을 아끼는 마음에 "그래, 그러면 내가 개경으로 돌아가서 임금님께 이러저러해서 우리가 도저히 못 싸우고 돌아왔다고 말을 하겠다"라고 달래서 위화도 회군을 결정했다고 되어 있다. 누가 보나 명백한 반역을 일으켰지만 나름의 명분과 이유를 찾은 상황이 아닐까 싶다.

10만 명 가까이 되는 어마어마한 병력을 모아서 임금이 요동 정벌을 명했다면 당시 시대의 도덕으로는 반대하기 어려운 일이다. 또한 정상적인 상황이었다면 싸우러 가다 말고 되돌아왔으니 왕에게 가서 손이 발이 되도록 빌어야 할 터였다.

"가라고 하셔서 어찌어찌 위화도까지 가기는 했는데 도저히 요동까지 갈 형편이 안 돼서 돌아왔습니다. 제발 용서해 주십시오. 제가 죽을죄를 졌습니다. 그렇지만 도저히 싸울 수 있는 형편이 아니에요."

이런 목숨을 건 사죄가 필요하지 않을까. 하지만 이성계 장군은 그렇게 하지 않았다. 개경으로 돌아가는 자신의 앞길을 막는 사람과 모두 싸웠고 최영 장군이 이끄는 부대와도 경기도 북부 일대에서 크게 싸웠다.

이때 이성계의 부하들은 어떤 마음이었을까? 아마 병사들은 일이 어떻게 돌아가는가 싶고, 싸우러 가라고 하면 싸워야 하는 군인이지만 명나라 군사와 싸우는 게 아니라 갑자기 개경으로 돌아가 왕의 군사와 싸우게 생겼으니 역적으로 몰리는 거 아닌가 술렁술렁할 게 당연하다. 그런 병사들의 사기를 뒤집기 위해 이성계 장군은 묘기를 보여준다. 커다란 소나무를 화살로 쏴서 소나무가 우지끈 부러졌다는 것이다. 그걸 본 병사들은 역시 우리 장군님이라며 열광한다. 고려 최고의 장군이자 저렇게 활을 잘 쏘는 장군님과 함께하면 우리는 무엇이든 할 수 있다고 사기가 올라간다.

역사 기록에서는 이성계를 멋지게 표현하기 위해 실은 이야기지만, 생각해 보면 이 장면이 장마철에 아교가 약해지면 활을 쏘기 어려워진다는 주장이 현실과는 다른 핑계일 뿐이었다는 증거가 될 만해 보인다. 임금이 요동 정벌을 가라고 했더니 아교가 풀어져 활을 못 쏜다고 반대 이유를 들었는데, 오히려 임금을 공격하기 위해 되돌아올 때는 활을 쏴서 병사들의 사기를 올리고 있지 않은가? 병사들은 이성계 장군을 믿고 최영 장군의 수비군을 무너뜨렸고 고려의 수도를 이성계의 손에 쥐어 준다.

이성계 장군이 최영 장군을 이긴 다음 최영을 붙잡아놓고는 "이건 내 본심이 아니다. 내가 장군을 싫어해서 싸운

게 아닌데 어떻게 하다 보니 시대가 우리를 싸우게 만들었다"라고 말했고 최영 장군도 울고 이성계도 울었다는 기록이 남아 있다. 최영 장군 입장에서는 그토록 지키고자 했던 고려도 무너지기 직전이고 사위인 왕의 입지도 불안정하고 자신도 잡히고 말았고 고려를 지킬 마지막 등불이라고 생각했던 후배가 배신을 했으니 얼마나 한이 맺혔을까. 이렇게 고려는 역사 속에 사라지고 한반도에는 새로운 나라 조선이 등장한다.

5

접착제가 만들어낸 한국의 첨단산업

접착제는 이렇게 전쟁의 역사에서 중요한 역할을 했고 현대의 무기 개발에도 굉장히 중요한 역할을 한다. 옛날에는 밧줄 만드는 기술이 중요했는데 요즘에는 실처럼 가늘게 뽑은 탄소 섬유를 엮어 장비를 만든다. 가벼우면서도 튼튼해서 현대의 무기를 만드는 데 주로 활용하며 이때 접착제가 필요하다. 탄소 섬유로 천 같은 것을 짠 다음 접착제를 발라서 붙인다. 그렇게 접착제를 붙여서 총 모양도 만들고 탱크 모양도 만들고 다른 부품도 만들면서 탄소 섬유를 이용한 부품을 만들어나가는 것이다. 접착제로 붙인다고 할 수도 있고 탄소 섬유를 다른 재료와 함께 섞어 굳힌다고 할 수도 있는데 이를 탄소 복합 재료라고 하며 가볍고 튼튼해서 온갖 제품에 사용된다.

간단하게는 병사들이 입는 방탄복이나 헬멧을 만드는 데도 쓰이고 거창하게는 차량이나 로켓 부품을 만들기도 한다. 총알을 막아야 한다는 이유로 방탄복이나 헬멧을 엄청난 두께의 쇳덩어리로 만들면 너무 무거워서 입거나 쓸 수가 없다. 튼튼하면서도 가볍게 만들기 위해 탄소 섬유 복합 소재를 많이 사용한다.

최근에는 다양한 분야에서 과거보다 접착제가 더욱 많이 사용되고 있다. 최근에는 자동차용 부품을 결합하는 데도 접착제가 사용되고, 각종 전자제품을 만들 때도 부품과 부품, 재료와 재료를 연결하는 데 재료의 특성에 맞는 고성능 접착제를 사용하기도 한다. 특히 과거에 비해 크기가 작고 정교한 제품이 많이 개발되면서 접착제의 중요성이 더욱 커졌다. 과거에는 못을 박거나 나사 구멍을 만든 뒤 나사못으로 고정했지만 이제는 크기가 작아져서 못 구멍, 나사 구멍을 낼 만한 자리가 없는 경우가 많아졌기 때문이다. 이런 상황에서는 접착제로 부품을 결합할 수밖에 없다.

건축물에서는 '실리콘을 바른다'라고 하면서 물이 새는 틈이나 창문 틈 같은 곳에 어떤 물질을 바른 뒤 굳히는 재료를 사용하는 것을 종종 본 적이 있을 텐데, 여기서 실리콘이라고 부르는 재료 또한 또한 규소를 재료로 다른 물질을 섞은 일종의 플라스틱 접착제에 가까운 물질이다. 이런 식으로 접착제를 이용해서 물샐틈없이 무엇인가를 밀봉하는 작업은 건축물을 만드는 용도나 건설 장비, 물이 닿는 곳에서 작업해야 하는 도구에 널리 쓰이고 있다. 같은 이유로 최근에는 의료용 기구, 장비 등을 만드는 데도 이렇게 말끔하게 틈을 메우며 굳는 접착제가 중요한 재료로 활용되고 있다.

아교 못지않게 전통적인 접착제라고 할 수 있는 찹쌀풀과 현대 접착제의 공통점은 무엇일까. 사실 두 성분의 화학적인 공통점은 많지는 않다. 거의 없다고 볼 수 있다. 그러나 기본 원리는 비슷하다. 찹쌀 성분은 아밀로오스라고 하는 녹말 성분으로 되어 있다. 녹말 성분은 기본적으로 기다란 실 모양으로 생겼는데 녹말 성분을 어떻게 관리하면서 키워나가느냐에 따라 한 가닥 실 모양이 아닌, 두 가닥, 세 가닥으로 쪼개지며 점차 나뭇가지 모양이 되기도 한다. 실제로 생물의 몸속에 아밀로오스 녹말이 생기면 가지 모양이 되는데, 그래야 다른 물질과 엉키고 섞이면서 서로 달라붙기가 쉽기 때문이다. 밀알이나 쌀알은 이런 구조가 튼튼하게 엉켜 있기에 딱딱하고 단단하다.

그 상태를 이용해 주변에 있는 물의 온도를 높여주면 사이사이에 물이 들어가면서 녹말 성분이 엉켜 있는 형태가 달라지고 끈적한 풀 같은 형태로 변하게 된다. 이를 호화 반응이라 한다. 밥을 지을 때도 호화 반응이 일어나는데 호화 온도가 낮아야 찰기가 높아지고 맛있는 떡이 만들어지고 밥맛이 좋아진다. 호화 반응 온도가 너무 높으면 어지간히 끓여도 찐득찐득하지 않아 밥맛이 없어지고 떡도 잘 안

된다. 호화 반응이 일어난 이후에 다시 수분이 마르면서 상태가 바뀌게 되면 밥알이 딱딱해지고 떡이 굳는다. 이런 과정이 너무 쉽게 일어나면 밥이 맛없어지고 떡을 못 먹게 된다. 찹쌀풀은 이런 원리를 역으로 이용해서 풀처럼 바르고 시간이 지나면 딱딱하게 굳게 해서 물질을 접착시킨다.

이런 이유로 식품공학을 연구하는 분들도 호화 반응을 중시하며 호화 반응을 연구할 때 물질의 제일 기본적인 구조가 실 모양에서 어떻게 엉키느냐를 이용한다. 찹쌀이나 플라스틱 접착제나 재료 자체는 완전히 다르지만 접착제의 기본적 원리를 떠올렸을 때 닮은 점도 있다.

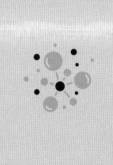

4장

한반도를 무너뜨린
서탄 교한, 오 ㅇ ㅎ

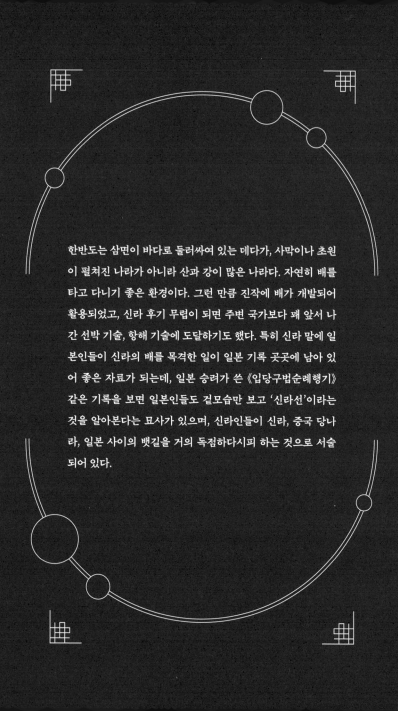

한반도는 삼면이 바다로 둘러싸여 있는 데다가, 사막이나 초원이 펼쳐진 나라가 아니라 산과 강이 많은 나라다. 자연히 배를 타고 다니기 좋은 환경이다. 그런 만큼 진작에 배가 개발되어 활용되었고, 신라 후기 무렵이 되면 주변 국가보다 꽤 앞서 나간 선박 기술, 항해 기술에 도달하기도 했다. 특히 신라 말에 일본인들이 신라의 배를 목격한 일이 일본 기록 곳곳에 남아 있어 좋은 자료가 되는데, 일본 승려가 쓴 《입당구법순례행기》 같은 기록을 보면 일본인들도 겉모습만 보고 '신라선'이라는 것을 알아본다는 묘사가 있으며, 신라인들이 신라, 중국 당나라, 일본 사이의 뱃길을 거의 독점하다시피 하는 것으로 서술되어 있다.

1

조선의 기술력과
일본의 기술력

통일신라, 후삼국 시대를 거쳐 왕건이 고려를 건국했고 고
려도 어느새 쇠하고 이성계가 조선을 건국하기에 이르렀
다. 하지만 몇백 년 뒤 고려와 마찬가지로 조선 또한 일본
과 청나라의 침략으로 국력이 약해졌고 19세기에 이르면
점차 나라를 유지해 가는 것조차 위태로워진다.

  19세기 조선에서 일어난 가장 큰 사건으로는 1866년 고
종 3년에 프랑스 함대가 강화도를 공격한 병인양요(丙寅洋
擾), 1871년 고종 8년에 미국 군함이 강화도를 공격한 신미

양요(辛未洋擾), 1875년 고종 12년에 일본 군함 운요호(雲揚號)가 강화도를 공격한 운요호 사건이 있다. 세 사건 모두 강화도를 공격했다는 공통점이 있고 모두 군함을 타고 온 외국 군대가 조선을 자극하고 침략했다.

이들은 왜 강화도를 공격했을까? 군함을 타고 한반도를 공격한다면 어디를 공격하는 게 위협적일까 생각해 보자. 조선의 수도인 한양으로 가는 길목에 있는 경기도나 인천을 공격하는 게 더 위협적이지 않을까? 당시에는 그렇지 않았다. 지금은 인천도 거대한 대도시이며 경기도도 많은 사람이 살고 있지만 이때만 해도 바닷가 지역에 작은 어촌이 몇 곳 있을 뿐이었다. 그런 어촌에 군함이 들어와봤자 어민들만 웅성웅성할 테고 조선 조정에는 영향을 미치지도 못하고 괜한 사람들만 놀라게 할 뿐일 것이다.

그런 상황에서 군함으로 쳐들어와 충격을 주기에 가장 좋았던 곳이 강화도였다. 왜냐하면 강화도는 적군이 쳐들어왔을 때 조선의 임금이 대피하기 위한 장소로 만들어놓은 곳이었기 때문이다. 그런 만큼 방어 기지가 많이 있었고 그만큼 조선군이 여럿 배치되어 있었다. 서울에서도 멀지 않은 위치이고 섬이라 시야가 좋아 방어에 용이했기에 강화도를 방어 기지로 구축해 놓았는데, 이는 비단 조선 시대뿐만이 아니었다. 고려 시대에 몽골군이 쳐들어왔을 때 강화로 피란을 와서 38년간 임시 수도로 자리를 잡았을 정도였다. 섬이라는 장점을 살려 천연의 요새에 성벽을 건설하고 농지도 만들어 오랜 시간 방어가 가능했기 때문에 장기전도 할 수 있을 정도였다.

조선 시대에도 강화도는 위치와 지리적 특성을 바탕으로 방어 기지 역할을 톡톡히 했는데, 2017년 영화 〈남한산성〉을 보면 인조가 강화도로 도망가려고 하다가 실패하는 장면이 나온다. 그래서 남한산성으로 피난을 가고 그곳에서 이야기가 이어진다. 실제로 인조는 정묘호란(丁卯胡亂) 때는 강화도로 피란했으나 병자호란(丙子胡亂) 때는 강화도로 가지 못하고 남한산성으로 향했다. 이렇듯 강화도는 요새가 많았고 교통의 요충지였기 때문에 19세기에도 조선을 위협하는 외국 군함의 침략을 받게 되었다.

병인양요를 묘사한 그림

　1866년에 일어난 병인양요는, 조선에서 천주교를 심하게 탄압해 천주교 신자 8천 명과 프랑스인 신부 아홉 명을 처형한 병인박해가 일어났고 프랑스에서 그에 반발해 진상 규명을 요청하며 프랑스 군함 세 척에 1천 명의 병력을 보내 강화도를 공격해 온 사건이다. 이때 프랑스군은 강화도로 들어와 한강을 타고 지금의 마포구까지 들어왔는데 자신들의 군사력을 과시하기 위해 사람들을 위협하며 군함을 끌고 강을 따라온 것이다. 당시 사람들이 보기에 군함은 신기하고도 놀라운 물건이었다.

"저게 뭐야? 배가 엄청 크네. 쇠로 만든 배가 물에 떠다니다니 저게 유럽에서 온 배인가" 하며 사람들이 모였을 것이다. 어쩌면 적개심보다 호기심을 가지고 프랑스군을 대했을지도 모르겠다. 이후 프랑스군은 강화도 곳곳을 공격하며 불을 지르고 외규장각까지 약탈하다가 정족산성에서 조선군에게 패했고 결국 조선에서 철수하게 되었다. 전사자는 많지 않았으나 강화행궁과 문수산성이 불타는 등의 재산 피해와 문화재 약탈을 막을 수 없었던 사건이다.

그로부터 5년 후 1871년에 미국에서 군대가 쳐들어왔던 신미양요는 1866년에 일어난 제너럴 셔먼(General Sherman)호 사건에서 시작한다. 미국의 상선 제너럴 셔먼호가 개항을 요구하는 바람에 평양부에서 소란이 벌어졌는데 이후 사건이 격화되면서 나중에는 배가 불타고 선원들도 사망하게 되었다.

미국은 제너럴 셔먼호 사건을 빌미로 강화도를 공격하면서 군함 다섯 척과 1천 200명에 가까운 병력을 보냈다.

신미양요 때 전사한 어재연 장군의 수자기 앞에서 사진을 찍는 미군의 모습

미국은 일본에 미국의 증기선을 보내 강제로 개항시킨 경험이 있었기에 똑같은 작전을 조선에도 쓴 것이지만 조선군은 일본과 달리 격렬하게 저항했다. 강화도에서 큰 전투가 벌어졌는데 무기의 차이 등으로 인해 조선군은 50명 이상이 전사하고 미군은 세 명이 전사했다고 기록되어 있다. 미군은 강화도 전투에서 승리했지만 한양까지 진격할 만한 여력까지는 없었고 당장 개항도 힘들 것 같다는 판단하에 결국 퇴각해 버렸다. 조선군이 이렇게까지 처절하게 싸

우는데 우리가 피를 흘려가면서 침략해 봐야 큰 소득이 없을 것 같다고 판단한 것으로 보인다.

이때의 전투를 상상해 보자. 드라마나 만화를 보면 유럽과 다른 대륙의 원주민이 싸우는 장면이 종종 나온다. 유럽은 과학 기술이 앞서 있고 다른 대륙의 원주민은 무기도, 문화도 뒤처지는 모습으로 등장한다. 가끔 사극이나 영화에서 조선 말기의 병인양요나 신미양요도 비슷하게 묘사하는 경우가 있다. 유럽군과 미국군이 쇠로 만든 큰 배를 타고 제복을 입고 총을 들고 쳐들어오면 조선 군사들은 제대로 된 군복도 없이 한복을 입은 채 칼이나 활로 싸우는 모습으로 묘사한다.

이런 장면은 옛날 유행했던 할리우드 영화나 드라마를 참조한 것인 듯하다. 1960년대 영화 중 〈줄루(Zulu)〉라는 영화가 있다. 영국 군대가 아프리카 대륙 남쪽 줄루족이라는 원주민과 싸우는 내용인데 한때 이 영화의 전투 장면이 인기였다. 몇십 명 정도의 영국인이 수천, 수만 명의 줄루족과 싸우는데 줄루족 원주민들은 방패나 창을 들고 공격하고 영국군은 총으로 그 공격을 막는다. 옛날 할리우드 영화에서는 이런 식으로 전력과 전투 무기가 차이가 나는 전투 장면이 유행했고 우리나라에서도 꽤 인기가 있었다. 그 영향을 받아 근대 유럽, 미국, 일본이 조선을 침략해서 싸우는 장면을 보여줄 때 조선 군사들은 칼을 들고 창을 들고 화살을 쏘는 모습으로 표현하는 경우가 많다. 그런데 실상은 그와는 거리가 있었다.

왜냐하면 당시 조선의 주무기도 총이었기 때문이다. 할리우드 영화에서 보던 유럽 군대와 원주민들의 싸움을 그대로 따라 하면 전혀 어울리지 않는다. 이순신 장군이 활약한 임진왜란에서도 대포를 널리 활용한 것은 잘 알려져 있고, 일본군과 싸우다 보니 그들이 사용한 조총의 위력도 금방 실감하게 되었다. 그래서 조선에서도 총을 개발해 쓰게 된다. 물론 조선에서 썼던 총은 지금 군대에서 사용하는 k2 소총과는 비할 바 없이 기술력이 떨어지는 총이긴 하지만 그래도 총은 총이다. 당시의 총은 조총, 흔히 화승총이라고 하며 쏠 때 방아쇠만 당기면 발사가 되는 게 아니라 일단 화승이라고 하는 심지처럼 생긴 끈에 불을 붙여두어야 한다. 그리고 방아쇠를 당기면 그 불을 붙인 부분이 화약에 닿아 터지면서 총알이 날아간다.

요즘 총과 비교해 보면 무척 번거로운 방식이다. 총을 한 발, 한 발 쏠 때마다 불을 한 번씩 붙여야 하고 기다려야 하고 화약 따로 총알 따로 넣어야 하니 얼마나 귀찮았을까. 불을 붙일 부싯돌도 하나 들고 다녀야 하고 화승도 하나 들고 다녀야 한다. 총을 쏘고 나서는 화약과 남은 찌꺼기를 잘 청소해서 긁어내야 한다. 만약 남은 화약을 제대로 긁어내지 않으면 어떻게 될까? 총알이 나가지 않고 안에서 터져버린다. 총을 쏘지도 못하고 사람만 다치는 것이다.

19세기 초 조선 왕조의 재정과 군정을 집약한 문헌인 《만기요람(萬機要覽)》에 따르면 대략 추정했을 때 조선군에 조총이 4만 자루 정도가 있었다고 본다. 조선 시대에 국력이 가장 강했을 때는 군사가 30만에서 40만 명 정도 있었다고 하는데, 조선 말기에는 국력이 약해졌을 때라 최대한 충원할 수 있는 군사가 5만 명에서 10만 명 정도라고 볼 수 있지 않을까? 그런데 조총 4만 자루라면 당장 급하게 모을 수 있는 병사 한 명 앞에 총 한 자루씩 줄 정도의 재고는 있었다는 것이다. 대포도 수천 문 정도 있었다는 기록이 있기에 무기의 구색이 아주 형편없지는 않았던 듯 보인다. 영화나 드라마에서 보던 흔한 장면처럼 전혀 상상할 수 없는 수준의 다른 무기로 싸워야 하는 상황까지는 아니었다는 이야기다.

하지만 기본 원리는 비슷한 무기를 사용하고 있었다고 해도 그 세부 사항이 무척 달랐다. 세부 사항의 차이가 승패의 차이를 만들었고 국력의 차이였다. 일단 당시 유럽에서는 강선이 있는 후장식 강선소총을 어느 정도 사용할 수 있었다. 후장식 강선소총이 발명돼 널리 퍼지기 시작한 게 19세기 말 정도다. 후장식 강선소총이란 무엇일까? 우선 후장식(後裝式)은 탄환을 총구로 밀어 넣는 방식이 아닌, 총열 뒤쪽으로 넣는 방식을 말한다. 강선(腔綫)은 총 안에서 총알이 날아가는 길에 소용돌이 모양으로 홈을 파놓은 걸

말한다.

유명한 캐릭터 제임스 본드가 나오는 영화를 떠올려보자. 오프닝 음악이 나오면서 총구 모양이 나오고 제임스 본드가 걸어 나와 정면을 보고 총을 쏜다. 총구 모양이 나올 때 자세히 보면 소용돌이 모양으로 홈이 파여 있다. 그 장면이 강선을 묘사한 것이다. 총구 안에 소용돌이 모양의 강선을 파놓으면 총알이 안정적으로 한 방향으로 잘 날아가 총의 명중률을 끌어올린다.

생각해 보면 작은 총구 안에 더구나 금속에 소용돌이 모양을 일정하게 깎아서 넣는다니, 쉬운 기술이 아니다. 금속을 가공할 수 있는 기술이 발달해야 하고, 그것을 장인이 하나하나 만드는 게 아니라 많이 만들어서 병사에게 나눠 줄 수 있을 정도로 대량 생산이 가능해야 한다. 안타깝게도 그런 산업 기술에서 유럽은 조선보다 압도적으로 앞서 있었다.

그리고 병인양요와 신미양요를 기록한 유럽 쪽, 미국 쪽 기록을 보면 조선 대포는 화약의 양과 성능이 부족해서 대포를 쏘면 유럽 대포나 미국 대포보다 멀리 나가지 못했다는 내용이 보인다. 목표를 맞추는 적중률 또한 떨어졌다는 기록도 있다.

대포를 발사하면 직진으로 날아가는 게 아니라 점점 위로 올라가다가 정점에서 다시 내려오면서 포물선 모양을 그린다. 우리가 공을 던질 때 포물선을 그리듯 대포도 포물선을 그리며 날아간다. 그렇기 때문에 대포를 쏠 때는 정점으로 올라가는 위치와 떨어지는 위치를 계산해야 하니 상당한 수학 지식이 필요하다. 그런데 조선에서는 유럽보다 수학이 덜 발전했기에 정확하게 목표물을 맞추는 정밀도가 떨어졌다.

게다가 조선에도 대포와 총은 있었지만, 아예 없었던 것도 있다. 바로 저절로 움직이는 커다란 배, 동력선이 없었다. 당시 조선에는 돛을 달아서 바람의 힘으로 움직이고 바람이 불지 않으면 노를 저어서 움직이는 배밖에 없었다.

경상남도 창녕 비봉리 패총의 신석기 시대 유적에서 8천 년 전 통나무배의 일부가 발견된 적이 있다. 이 정도면

전 세계에서도 대단히 오래된 축에 속하는 배다. 한반도는 삼면이 바다로 둘러싸여 있는 데다가, 사막이나 초원이 펼쳐진 나라가 아니라 산과 강이 많은 나라다. 자연히 배를 타고 다니기 좋은 환경이다. 그런 만큼 진작에 배가 개발되어 활용되었고, 신라 후기 무렵이 되면 주변 국가보다 꽤 앞서 나간 선박 기술, 항해 기술에 도달하기도 했다. 특히 신라 말에 일본인들이 신라의 배를 목격한 일이 일본 기록 곳곳에 남아 있어 좋은 자료가 되는데, 일본 승려가 쓴 《입당구법순례행기(入唐求法巡禮行記)》 같은 기록을 모면 일본인들도 겉모습만 보고 '신라선'이라는 것을 알아본다는 묘사가 있으며, 신라인들이 신라, 중국 당나라, 일본 사이의 뱃길을 거의 독점하다시피 하는 것으로 서술되어 있다.

그랬던 것이 몇백 년이 흐르며 바다를 통해 다른 나라와 교류하는 일이 드물어지고, 물건을 많이 옮기며 배를 타고 다녀야 하는 상업 발전도 뒤처지게 되었다. 결국 조선 시대 무렵이 되면 유럽 각국의 배를 만드는 기술과 항해술이 큰 격차로 앞서 나가게 된다. 16세기 무렵이면 유럽인들은 대

서양과 태평양을 자유롭게 건너다니며 전 세계를 항해하는 기술이 거의 일상화될 정도인데, 조선 시대 기록을 보면 제주도나 가까운 일본 대마도를 가는 일도 모험을 하는 일처럼 심각하게 묘사되어 있을 정도다.

유럽과 미국의 기술을 적극적으로 수입한 일본은 19세기 말에는 엔진을 이용해서 사람의 노동력 없이 저절로 움직이는 배를 사용하게 되었다. 그런 큰 차이가 있는데 어떻게 해전에서 상대가 될 수 있었을까. 우리는 노를 저어야 배가 움직이고 상대방은 엔진을 달고 있는데 말이다. 우리도 배를 더 크게 만들 수도 있었지만, 배를 크게 만들면 노 젓는 사람도 많이 필요하고 노 젓는 사람만큼의 무게가 추가되고 식량도 추가된다. 그렇기 때문에 큰 배를 만드는 것조차 한계가 있었다.

결국 1875년 일본에서 군함, 운요호를 보내자 조선도 더 이상 버티지 못하고 무너지고 만다. 일본 군함 운요호와 해군 60여 명이 강화도와 영종도를 공격하고 요새를 파괴한

유유후의 모습

이 사건을 계기로 일본은 1876년 강화도로 와서 불평등 조약인 강화도 조약을 체결하도록 했다.

어느 나라나 시간이 지나면 쇠락의 길을 걷게 되고 특히 조선 말기는 전 세계적으로 엄청난 변화의 시기였다. 유럽의 열강은 다른 대륙을 침략해 식민지로 삼았으며 유럽 문화를 선망하던 일본 또한 호시탐탐 식민지 건설을 노리고 있었다. 조선 내부에서도 급격한 변화가 있었다. 아들 대신나라를 다스리던 고종의 아버지 흥선대원군이 자리에서 물러나고 모든 정치 상황이 바뀌어버린 것이다. 쇄국정책을 펼쳤던 흥선대원군의 정치적 판단에 반대해 외국과의 교류나 협상이 필요하지 않을까, 우리도 개방을 해야 하지 않을까라는 의견이 나올 만한 상황이었다.

운요호는 미국 군함이나 프랑스 군함처럼 갑자기 침략해 온 것이 아니라는 점이 다르다. 조선과 일본은 지속적으로 외교와 소통을 하던 관계였다. 한쪽에서는 외교적인 협상을 벌이면서 다른 쪽에서는 군함을 보낸 것이다. "이거 뭐 하자는 거야? 싸우자는 거야? 협상을 하자는 거야? 착한 편이야? 우리를 괴롭히려고 하는 거야?" 하며 조선이 고민할 수밖에 없는 상황을 만든 것이다. 운요호에 탄 일본인 병사는 60명 정도로 프랑스군이나 미국군에 비하면 정말 적은 숫자다. 불과 60명이 타고 있는, 석탄으로 움직이는 배 한 척 때문에 조선은 강제로 개항을 하게 되고 나중에는 일본의 식민지가 되는 결과에 이르고 만다.

2

탄소 덩어리,
석탄

이 운요호라는 배에 대해 알아보기 위해서는 먼저 증기 기관을 알아야 한다. 석탄으로 움직이는 증기 기관의 원리는 무엇일까?

석탄이란 도대체 무엇일까? 기후변화의 원인이 화석 연료이고 석탄이 대표적인 화석 연료에 속한다는 이야기는 널리 알려져 있다. 화석 연료는 전 지구적인 역사를 봤을 때 아주 짧은 시간에 인간의 삶을 엄청나게 변화시켰다. 지구의 역사를 24시간으로 잡는다면 인류의 등장은 1분도 되지 않으며 산업혁명 이후의 시기는 0.37초에 불과하다.

석탄은 이 산업혁명을 가져온 물질이다. 석탄은 먼 옛날에 살던 식물이 땅에 묻혀서 오랜 시간이 지난 뒤 숯같이 생긴 돌로 변한 상태를 말한다. 우리가 캐서 쓰는 석탄은 주로 고생대, 지금으로부터 대략 3~4억 년 전의 식물이 땅에 묻힌 뒤 화학적인 변화를 일으켜서 숯 비슷하게 변한 것이라고 본다.

참고로 우리나라에는 탄광이 강원도 태백 쪽에 많은데, 그래서인지 태백에는 고생대 생물이 살았던 흔적이 많다. 고생대를 상징하는 동물은 바로 삼엽충이다. 가재와 비슷하면서 납작하게 생긴 동물로 삼엽충 화석이 나온다고 하면 '이 근처는 고생대 생물이 살았던 곳이었구나'라고 짐작할 수 있다. 태백에서는 무척 흔하게 볼 수 있는데 일본에서는 삼엽충이 희귀한 편이다. 그래서 일제강점기에 일본 학자들이 태백에서 삼엽충 화석을 많이 캐갔다. 지금도 눈썰미가 좋은 사람은 태백에서 삼엽충 화석을 찾을 수 있다. 하지만 우리나라 법에 따르면 삼엽충 화석은 문화재이기 때문에 당국의 보호를 받아야 하는 대상이고 함부로 가져가면 법적 처벌을 받을 수 있다. 태백에는 고생대자연사박물관이 있어 삼엽충을 비롯해 연체동물, 완족동물 등의 고생대 화석을 볼 수 있다.

흔히들 석탄은 오래전 고생대에 살았던 생물이 변한 것이고 석유는 공룡이 변한 것이라는 말을 하는데, 석유의 생성에 대해서는 아직 완벽하게 밝혀지지는 않았다. 석유 또한 생물이 변해서 생성된 것이라는 의견이 주류설이고 주로 공룡이 살던 시대, 즉 중생대의 생물이 변한 것이라는 주장이 유력한 편이다. 그렇다고 해서 공룡이 변해서 석유가 되었다고 보지는 않는다. 보통은 바다에 살던 당시의 작은 생물이 주재료였는데, 그것이 변질되어 석유가 된 것으로 생각하고 있다.

그러므로 석유가 있으려면 우선 그 지역이 공룡 시대에 석유의 재료가 될 작은 생물들이 많이 사는 바다였어야 하고 그러면서도 재료가 되는 생물이 쉽게 발견될 수 있도록 너무 깊지도 않고 얕지도 않은 위치에 묻혀 있는 지각 변동이 일어나야 한다. 너무 깊이 묻혀 있으면 발견하기가 어려울 것이고, 너무 얕게 묻혀 있으면 제대로 석유로 변하기도 전에 다 흩어져 버리기 때문이다. 한반도에서 석유가 발견되지 않는 이유는 한반도 땅이 그 조건에 맞지 않기 때문이다. 한반도는 공룡 시대에 바다였기는커녕 그보다 앞선 고생대에도 육지여서 숲이 펼쳐졌던 지역이 많은 데다가, 공룡 시대인 중생대에는 마그마가 굳으며 산이 생긴 지역이 많아서 역시 바다와는 차이가 있다. 설악산에서 북한산까지 커다란 바위덩어리로 이루어진, 봉우리가 아름다운 한반도의 산 중 상당수는 중생대의 마그마가 굳어 만들어진 산이다. 아름다운 자연의 경치를 즐기기에는 좋은 산이지만 바닷속에 살던 작은 생물들이 석유로 변하기를 기대할 수는 없는 환경이다.

생물체의 주재료는 대체로 탄소다. 탄소는 어디에서 왔을까? 사람은 밥을 먹고 밥은 쌀에서 나온다. 쌀은 광합성으로 자란다. 우리가 익히 들어왔던 광합성이란 식물이 햇빛을 받고 물과 이산화탄소를 빨아들여서 몸에 필요한 영양분을 만드는 과정이다.

식물은 광합성을 통해 이산화탄소를 재료로 영양분을 만든다. 그래서 식물의 주재료는 빨아들인 이산화탄소에 있는 탄소다. 주재료가 탄소인 식물을 먹고 동물이 살아가기 때문에 동물의 재료 또한 탄소가 될 수밖에 없다. 결국 지구상의 모든 생물은 주재료가 탄소라고 할 수 있다. 그렇기 때문에 사람이나 동물이 죽고 나면 미생물에 의해 몸이 분해되기 마련인데 이때에도 대부분은 다시 이산화탄소로 돌아간다.

흔히 사람이 세상을 떠나면 흙으로 되돌아간다고 하는데, 좀 더 정확히 말하면 흙보다는 이산화탄소가 되어 공기 중으로 되돌아가는 비율이 높다. 말하자면 사람은 흙으로 되돌아간다기보다는 바람처럼 변해 흩어진다. 공기 중의 이산화탄소가 광합성을 통해 영양분이 되고 그 영양분을 사람이 먹으면서 몸을 이루게 되므로 결국 사람 몸의 원재료도 공기, 바람 속에 있었다는 이야기가 되는데, 이 이야기를 연결해 보면 사람의 삶은 바람에서 와서 바람으로 되돌아가는 것이라고 말할 수도 있겠다.

탄소는 수소, 산소와 함께 광합성이라는 과정을 거쳐 포도당이 되고, 포도당 두 개가 붙어서 연결되면 엿당이 되고, 여러 개가 붙어서 연결되면 녹말이 된다는 사실은 앞에서 설명했다. 포도당의 모양을 보면 육각형 모양을 중심으로 탄소에 산소도 붙어 있고 수소도 붙어 있는 모습이다.

그런데 땅에 묻히고 오랜 시간이 지나면 포도당의 모양에 변화가 시작된다. 잡다한 것은 다 떨어지고 복잡한 구조도 뭉개지고 떨어져 나간다. 그리고 나중에는 오직 탄소, 탄소 옆에 탄소, 탄소 위에 탄소, 탄소 아래에 탄소만 모여 있는, 다른 것은 다 빠져나가고 순수한 탄소만 남아 있는 덩어리로 바뀌어간다. 이 현상을 탄화(炭化)라고 하는데 탄화가 별로 안 됐다고 하면 아직 순수한 탄소 덩어리가 아니라, 보통 생물에게 보이는 성분이 남아 있다는 말이다. 석탄 중에서도 탄화가 비교적 적게 되어 옛 생물의 성분이 일정 부분 남아 있는 것을 갈탄(褐炭)이라 부르고 탄화가 많이 되어 탄소만 많은 것을 무연탄(無煙炭)이라고 한다.

즉, 무연탄은 탄화도가 높은 석탄이고 갈탄은 탄화도가 낮은 석탄으로, 우리나라에서는 무연탄이 많이 난다. 무연탄은 탄화가 많이 돼 순수한 석탄 덩어리에 가깝기 때문에 불이 잘 붙지 않는다. 하지만 불이 한 번 붙으면 오래 타고 연기가 나지 않으며 꾸준하게 탄다. 그래서 연기가 안 나는 석탄이라고 해서 무연탄이라는 이름이 붙었다. 무연탄보다도 탄화가 많이 되면 무엇일까? 탄화가 더 많이 되면 순수한 탄소 결정체가 되는데, 그것이 바로 흑연이다. 흑연은 탄화가 극심하게 일어나서 다른 성분은 조금도 들어갈 틈 없이 순수하게 탄소끼리만 줄을 맞춰서 붙어 있는 상태다.

만약 흑연처럼 규칙적으로 열을 맞춰서 위아래, 양옆으로 각도를 맞춰가면서 탄소끼리만 붙어 있는데, 흑연보다 훨씬 더 튼튼한 형태를 이루면서 정확한 모양을 맞추며 붙어 있다면 그것이 바로 다이아몬드다.

다이아몬드는 순수한 탄소로 이루어져 있고 다이아몬드를 가공하면 흑연을 만들 수 있다. 하지만 누가 다이아몬드를 가공해 흑연을 만들까? 당연히 반대의 경우는 있다. 흑연이나 다른 탄소 물질로 다이아몬드를 만드는 것이다. 이렇게 만든 다이아몬드도 모양은 꽤 그럴듯해서 보석으로 사용하기도 한다. 아무래도 광산에서 캐낸 다이아몬드보다는 가격이 저렴하기 때문에 실험용으로도 사용한다. 기계 장치의 부품으로 다이아몬드를 쓸 때도 이렇게 인공적으로 만든 다이아몬드를 사용한다.

다이아몬드도 석탄처럼 에너지로 쓸 수 있는지 궁금해하는 사람도 있는데, 다이아몬드도 태우면 잘 탄다. 금은 불에 잠깐 넣어놔도 건져내면 그대로 금이고 모양을 바꿔도 원래의 금으로 사용할 수 있다. 하지만 다이아몬드는 타면 변화해 버린다. 탄소로 되어 있는 만큼, 다이아몬드를 잘 태우면 그대로 이산화탄소로 변해 바람 속으로 흩어져 버린다.

다시 석탄으로 돌아가 보자. 어떻게 석탄이 산업혁명을 일으키기 위한 원료가 될 수 있었을까? 산업혁명 이전에도 사람들은 석탄이 무엇인지 알고 있었다. 이장존 박사가 연구한 자료를 보면 고려 시대 배가 물건을 싣고 경기도로 가다가 서해에서 침몰해 가라앉아 있다가 천 년 만에 발견된 적이 있었다. 충남 태안의 마도 해역에서 발견된 첫 번째 배라고 해서 마도 1호선이라고 하는데 1208년에 침몰한 배로 추정한다. 그런데 이 마도 1호선에서 청자, 지역 특산품과 함께 석탄이 발견됐다. 양이 많지는 않았고 배 여기저기에 깔려 있는 채로 발견되었기 때문에 석탄을 어떻게 썼는지 지금도 확실하게 밝혀지지는 않았다.

왜 고려 시대 사람들은 배를 타고 항해할 때 석탄을 들고 다녔을까? 무슨 용도였을까? 일단 한 가지는 확실하다. 고려 시대 사람들도 석탄의 존재를 알았다는 것이다. 어떤 용도로 사용했는지는 학술적으로 완벽하게 증명되지 않았지만 그렇게 많지 않은 양을 싣고 다녔다면 요리를 위한 용도가 아니었을까 하는 의견이 있다. 요리할 때 땔감 대신 석탄을 사용하면 나무보다 화력이 좋으니 긴 항해를 하면서 밥도 지어 먹고 요리도 해 먹지 않았을까 추정한다.

1590년 조선 시대에 평안도 관찰사 윤두수가 편찬한 지리지 《평양지(平壤志)》라는 문헌을 보면 "평양성 동쪽 10리 지역 문수봉에 석탄소가 있고, 정동 10리 예미현 및 동북쪽 30리 고방산 등지에 석탄이 난다. 불이 붙어도 연기가 나지 않으므로 무연탄이라 한다"라는 글이 있다. 조선 시대에 '소'로 끝나는 곳은 무엇을 생산하는 곳, 뭔가를 만들어내는 곳을 뜻하기 때문에 석탄소가 있었다는 말은 이곳에서 석탄을 캤다는 뜻이다.

1727년 윤두수의 후손이자 평양 관찰사였던 윤유가 편찬한 평양속지(平壤續誌)에 따르면 "평양부 동쪽 30리쯤의 미륵현에 흑토(黑土)가 있다. 흑토를 황토와 섞고 물로 혼합해 반죽한 뒤 건조시켜서 사용한다"라는 내용이 있다. 조선 시대에는 석탄을 황토와 섞고 물로 혼합하고 건조해서 어떻게 사용했을까? 여러 가지 용도가 있었겠지만 아마 연료로 사용하지 않았을까 추정하고 있다. 장작 대신 사용했겠지만 누구나 일상적으로 석탄을 사용할 만큼 석탄 산업이 발전하지는 못했다.

3

석탄으로 세계를 움직인 영국

전 세계에서 석탄을 가장 잘 사용한 나라를 뽑는다면 단연코 영국이다. 영국은 17세기 말에서 18세기 초에 이르기까지 석탄을 굉장히 많이 사용했으며 그 덕분에 다른 나라와 비교할 수 없이 석탄 기술이 발달했다.

여기에는 여러 가지 이유가 있는데 일단 첫 번째로, 영국에서는 석탄이 많이 생산된다. 1800년대 영국은 세계 석탄 생산량의 90%에 달하는 1천만 톤의 석탄을 생산할 정도였다. 영국에 석탄이 많이 나고 그로 인해 영국에서 산업혁명이 일어난 것은 어떻게 보면 2억 년, 3억 년 전 고생대 때 결정된 운명이라고 볼 수도 있다.

옛날 사람들은 주로 땔감으로 장작을 썼다. 영국은 신항로를 개척하기 위해 배를 타고 이곳저곳을 탐험하면서 다른 나라를 침략하고 교류하고 무역도 하며 새로운 것을 발견했다. 온 세계를 휘젓고 다니던 모험과 탐험의 시대에 영국은 항해술이 더욱 발전했다. 먼 바다를 항해하기 위해서는 튼튼한 배가 필요했고 좋은 목재는 거의 좋은 배를 만드는 데 사용되었다. 그 결과 땔감으로 쓸 나무가 부족했고, 주로 석탄을 연료로 사용하게 되었다.

두 번째로, 영국이 세계를 돌아다닌 이유는 결국 부를 위해서였다. 침략하고 교류하고 무역도 한 이유는 결국 금, 은, 보석을 찾기 위해서였다. 금, 은, 보석을 찾기 위해서는 땅을 잘 파야 했고 그 덕분에 영국에서는 땅 파는 기술이 발달했다. 땅 파는 기술이 있고, 석탄도 있고, 나무는 못 쓰게 하니 석탄을 캐서 쓰는 문화가 발전할 수밖에 없었다. 석탄은 양이 적어도 화력이 좋아서 연료로 사용하기에 장점이 많았다. 마른 장작 1kg을 때면 열기가 3,800kcal 정도 나온다. 100%짜리 알코올이 5,500kcal 정도 나오는데, 석탄은 화력이 센 것은 6,000kcal 정도가 나온다. 순수한 알코올 수준의 화력이 나오는 것이다.

그리고 석탄은 전 세계적으로 양이 풍부한 편이다. 석유는 나는 나라가 한정되어 있지만 석탄은 전 세계 여러 곳에서 캘 수 있었다. 대한석탄공사의 자료에 따르면 북한에서는 1989년에만 4300만 톤의 석탄을 캐냈다고 한다. 북한에서 석탄을 한창 많이 캐던 시기이기는 했지만 한반도에도 석탄은 이 정도로 풍부하다.

석탄을 깨면 더 작게 만들 수 있고 가루로도 만들 수 있다. 이것도 석탄의 중요한 장점이다. 이렇게 크기를 작게 만들면 다루기 쉽고 불을 붙일 때도 더 잘 탄다. 각설탕보다 고운 가루로 된 설탕이 더 잘 녹는 것처럼 석탄 또한 작은 크기나 가루로 만들면 더 잘 타는 것이다. 잘게 부수면 빈틈없이 담아 보관하기도 좋고 들고 다니기에도 장점이 많다. 반면 나무 땔감은 망치로 두드려도 가루가 되지 않고 가루가 된다 한들 더 잘 타지도 않는다. 이런 정도 나무 장작에 비해 석탄을 유용하게 쓸 수 있는 장점이다.

마지막 이유는 화학과 연결되어 있다. 제철 산업에서 철을 만들 때는 항상 환원 반응이라는 화학 반응을 일으켜야 한다. 우리의 상식으로는 철광석을 캐내서 뜨겁게 열을 가하면 쇳물이 녹아 나오고 굳히면 철이 된다. 그런데 이 과정은 생각보다 쉽지 않다. 왜냐하면 우리가 광산에서 캐내는 철광석은 산화철이라고 해서 돌 안에 녹슨 상태와 비슷한 철이 들어 있기 때문이다. 그것을 우리가 사용할 수 있는 철로 만들려면 녹슨 철을 녹이 슬지 않은 철로 되돌려주는 화학 반응을 일으켜야 한다. 그것이 바로 환원 반응이다.

옛날에는 나무로 만든 숯을 넣어서 환원 반응을 일으켰다. 철을 뽑아내기 위해 나무를 잘라서 숯불용 숯을 만들고 그걸로 철광석에 불을 지펴서 철을 뽑아냈다. 그런데 석탄은 이미 숯과 비슷한 탄소 덩어리라 땅에서 캐서 바로 쓸 수 있다. 실제로 용광로에서 철을 녹여낼 때 석탄을 가공해

서가

서울대 가지 않아도 들을 수 있는 명강의

명강

다시 태어난다면,
한국에서 살겠습니까

사회과학 이재열 교수 | 18,000원

**"한강의 기적에서 헬조선까지
잃어버린 사회의 품격을 찾아서"**

한국사회의 어제와 오늘을 살펴
문제점을 진단하고 해결책을 제안한 대중교양서

우리는 왜 타인의
욕망을 욕망하는가

인류학과 이현정 교수 | 17,000원

**"타인 지향적 삶과 이별하는
자기 돌봄의 인류학 수업사"**

한국 사회의 욕망과
개인의 삶의 관계를 분석하다!

내 삶에 예술을 들일 때,
니체

철학과 박찬국 교수 | 16,000원

**"허무의 늪에서 삶의 자극제를
찾는 니체의 철학 수업"**

니체의 예술철학을 흥미롭게, 또 알기 쉽게
풀어내면서 우리의 인생을 바꾸는 삶의
태도에 관한 니체의 가르침을 전달한다.

지금, 서가명강 시리즈로 각 분야 최

서 넣으면 효과가 더 좋다. 이를 코크스(cokes)라고 하는데, 코크스로 용광로를 돌리면 숯으로 환원 반응을 일으킬 때보다 효율성 있게 철을 뽑아낼 수 있다. 산화철은 철과 산소가 엮여 있는 물질이다. 여기에서 산소만 떼어내 제거해주어야 순수한 철이 된다. 그런 일이 일어나게 하려면 철보다 산소와 더 잘 엮일 수 있는 성분을 넣어주는 것이 능사다. 산소와 잘 엮이는, 쉽게 만들 수 있는 물질이 뭐가 있을까?

물을 H_2O라고 하는데, 여기에서 O가 산소라는 뜻이니까, 산소와 엮여 있는 것 아닌가라고 생각했다면 훌륭한 발상이다. 만약 순수한 수소 기체를 대량으로 쉽게 구할 수 있다면, 수소를 산화철 속에 뿌리고 그러면 수소가 철보다 산소와 더 잘 엮이니까 산소는 수소 쪽으로 붙어 나와서 물로 변할 것이고 남아 있는 철만 쇳물이 되어 녹아 나올 거라는 발상을 해볼 수 있다. 실제로 이런 기술을 수소환원제철이라고 해서 미래에 실용화가 되면 유망한 방식이 될 것으로 기대하고 있다. 그러나 순수한 수소 기체를 대량으로 구하기는 어려운 일이다. 땅을 파도 수소 기체가 묻혀 있는 광산 같은 것은 없다.

그러면 다른 대안은 무엇이 있을까? 혹시 H_2O 말고 산소, 즉 O가 들어 있으면서 쉽게 만들 수 있는 흔한 물질이 또 뭐가 있을까? CO_2도 있지 않냐고 떠올렸다면 역시 대단히 훌륭한 발상이다. 만약 탄소 덩어리를 대량으로 쉽게 구할 수 있다면 그 탄소를 산화철 속에 뿌리면 탄소가 철보다 산소와 더 잘 엮이면서 산소는 탄소 쪽으로 붙어 나와서 CO_2가 되고 남아 있는 철만 쇳물이 되어 녹아 나올 것이다. 이 방법은 실제로 널리 활용되고 있다. 가공 석탄인 코크스가 바로 이 화학 반응을 일으켜서 철을 분리해 내는 역할을 해준다. 그리고 석탄은 땅에 묻혀 있는 것을 캐내는 방법으로 얼마든지 구할 수 있다.

그래서 석탄 산업이 발전해 기술이 개발되면 철도 잘 뽑아낼 수가 있다. 제철과 석탄, 양쪽 산업이 모두 발전하게 된다. 이렇게 해서 탄생한 석탄과 강철의 힘이 19세기 유럽 기술의 저력이다.

우리나라도 포항, 광양 등지에 가면 제철 산업이 무척 발달했음을 볼 수 있는데, 지금도 철을 뽑을 때는 석탄을 사용한다. 포항이나 광양 제철소에 가면 작은 산만큼 쌓인 석탄을 볼 수 있다. 석탄을 쓰지 않으려면 나무를 잘라서 일일이 숯으로 만들어 철을 뽑아내야 하는데 그 과정도 과정이지만 효율도 떨어진다.

4

증기 기관으로
새로운 시대를 열다

석탄 산업이 발달하면 그만큼 석탄을 캐는 사람들이 필요하다. 그런데 영국에서 석탄을 캐다 보니 한 가지 문제가 생겼다. 깊은 곳에 위치한 탄광에 들어가 석탄을 캐다 보면 갑자기 지하수가 나오거나 비가 와 물이 고인다. 사람들이 작업하기도 어렵고 발이 질척해지고 심할 때는 허리까지 물이 차기 때문에 불편하고 위험했다. 그래서 당시 영국의 수많은 석탄 광산에서는 여러 가지 아이디어를 활용했다. 물을 푸는 사람을 따로 고용하거나 펌프에 관을 연결해 물을 빼낸다거나 하면서 나름대로 물을 푸는 장치를 만들었다.

18세기 영국의 기술자 중에 토머스 뉴커먼(Thomas Newcomen)이라는 사람이 한 가지 아이디어를 낸다. 석탄 광산에서 제일 흔한 것을 이용해 자동으로 물을 풀 수 있는 장치를 만든다면 얼마나 편하고 돈도 적게 들까? 석탄 광산에 제일 많은 건 석탄이다. 토머스 뉴커먼은 석탄을 이용

기에 사용할 수 있는 증기 기관을 만든다. 석탄으로 물을 끓이면 물이 끓어오르고 증기가 나온다. 그 수증기의 강한 압력으로 기계 장치를 밀어 올려서 움직이게 하는 기계였다. 그 기계를 석탄 광산에서 펌프로 사용해 광산에 고인 물을 빼냈다.

토머스 뉴커먼은 이 장치로 어느 정도 유명해졌지만 정작 역사에 길이 남아 명성을 얻은 것은 제임스 와트(James Watt)다. 제임스 와트는 물 푸는 데만 쓸 수 있는 증기 기관이 아니라 다목적으로 사용할 수 있는 더 작고 효율적인 증

기 기관을 만들었다.

이 과정에는 널리 알려진 일화가 하나 있다. 제임스 와트는 애초에 증기 기관을 만들어서 판매하려고 연구한 것이 아니었다. 당시 대학이나 학자들, 학생들에게 토머스 뉴커먼의 신기한 기계를 보여주고 시연했는데, 그를 위해서는 모형 같은 게 있어야 했다. 손재주가 좋았던 제임스 와트는 여러 가지 기구나 장비를 만들어서 학자들에게 공급하는 일을 종종 하고 있었다. 그러던 중에 토머스 뉴커먼의 '증기로 움직이는 자동 기계'를 만들어달라는 요청을 받았고 직접 만들어보니 너무나 신기하고 재미있었던 것이다. 제임스 와트는 그 기계에 심취해서 개량한 끝에 석탄 광산에서 크게 만들어놓고 쓰는 기계 말고 효율성 있게 사용할 수 있는 증기 기관 엔진을 만들어낸 것이다. 그 덕분에 공장에서는 기계를 돌릴 수 있었고 기관차는 달릴 수 있었고 배 또한 노 젓는 사람이 필요 없이 움직일 수 있었다.

증기 기관을 시작으로 기계를 이용해 물건을 대량 생산하는 시대가 열렸고 경제 체계 자체가 완전히 뒤집히면서 산업혁명이 일어났다. 영국에서 산업혁명이 일어난 덕분에 영국이 세계 최고의 강대국이 되었고 유럽 여러 나라에서 산업혁명의 기술을 받아들인 덕분에 유럽이 세계를 지배하는 선진국이 될 수 있었다.

제임스 와트의 초상화

이것이 우리가 아는 역사다.

당시에는 사람이 하는 일을 석탄을 이용한 증기 기관이 대신해 주는 제1차 산업혁명이 일어났고 지금은 사람의 일을 인공지능이 대신해 주는 제4차 산업혁명의 시기라고 알고 있다.

제4차 산업혁명을 말하고, 인터넷 덕분에 전 세계가 동시생활권이 되고, 첨단 사이버 메타버스의 세계를 살고 있는 것 같지만 아직 우리는 제1차 산업혁명의 시대에서 완전히 벗어나지는 못했다. 한국에너지경제연구원이 발표한 자료에 따르면 2022년에 그 모든 첨단 기술을 쓰기 위해 필요한 전기의 32.5%를 아직 석탄으로 만들고 있다고 한다. 기본 원리는 아직도 18세기 토머스 뉴커먼 시대에서 크게 달라지지 않았다. 석탄을 넣어서 물을 끓이면 수증기가 생기고 수증기의 강한 압력으로 기계가 돌아가면서 전기를 만든다. 그 에너지가 우리가 사용하고 있는 전기의 3분의 1을 만드는 것이다.

그리고 석탄은 철, 기계, 자동 기술, 엔진과도 연결되어 있다. 철이 좋으면 무기를 잘 만들 수 있고 총도 잘 만들 수

제임스 와트와 증기 기관

있고 대포도 잘 만들 수 있다. 기계를 돌려서 산업이 발달하면 경제력도 높아지고 다른 기술도 발전한다. 그렇기에 유럽의 기술을 먼저 받아들인 일본이 조선보다 뛰어난 무기와 장비를 갖출 수 있었다.

5

일본의 군함 한 척에 무너진 조선

다시 역사 속으로 돌아가 보자. 60여 명의 군인을 태운 운요호는 바로 강화도로 들어와 공격을 시작하지는 않았고 처음에는 자신들의 위력을 과시했다. 남해안을 돌아다니면서 "우리는 관찰만 하러 온 거야. 그냥 바다가 너무 궁금해서. 어떤 모양일까?" 이러면서 다니니 조선 사람들은 큰 배를 보고 일본군이 또 쳐들어오면 어떡하나 겁을 먹었다. 흔히들 이 사건을 보고 일본 사람들이 구로후네 사건이라고 부르는, 미국 증기선의 일본 방문 사건을 한 세대가 지나서 일본이 그대로 조선에서 따라 한 것이라고들 이야기 하기도 한다. 그러나 세부 사항을 보면 다른 점이 많다.

미국은 일본과 거의 교류가 없던 나라로 갑자기 일본에 등장해서 충격이 컸고, 당시 미군은 일본에서 파티를 열거나 기술이 발전된 제품을 전시하기도 하면서 나름대로 환심과 관심을 끌기 위해 노력했다. 일본을 방문한 미군 병력이 500명 정도로 상당한 규모의 군사 작전을 벌일 수 있는 위험한 전력이었다는 것도 주목해 볼 여지가 있었다.

그에 비해 일본은 계속해서 조선과 교류 중이었던 나라로 조선인은 일본인에 대한 지식이 있었으며, 사건 전후로 그런 관계 속에서 이미 외교 문제 시비를 만든 상황이었다. 그 와중에 갑작스럽게 공격을 시도했고 그러면서도 의외로 병력 규모는 고장 수십 명 정도였다. 사실 그것만으로는 큰 위협이 될 수는 없었다는 점이 큰 차이다.

그런 만큼 남해안에서의 최초 활동만으로는 조선의 별다른 반응을 이끌어낼 수 없었다. 그래서 운요호는 프랑스, 미국이 강화도를 건드려본 것처럼 강화도로 갔다. 미국이

1,200명으로 강화도를 공격했는데도 결국은 그냥 돌아가고 말았으니 60명으로는 강화도를 공격하기가 당연히 쉽지 않다. 운요호는 강화도에 와서는 요새며 병력이 많다는 것을 간파하고 공격 대상을 영종도로 바꾼다.

인천 영종도는 지금 인천국제공항으로 유명해진 섬이며 우리나라가 세계와 소통하는 창구다. 매년 엄청난 수의 사람들이 해외로 드나드는 거대한 공항이 있는 이곳이 조선 말기에는 일본에 의해 공격당하며 불평등한 개방 조약을 맺는 결과를 맞았다.

운요호의 영종도 침략에 결국 조선군은 패하고 말았다. 조선군은 30명 정도 전사했고 영종도의 요새, 성벽은 모두 파괴되었는데 일본군은 거의 피해를 입지 않았다고 한다. 증기 기관으로 움직이는 큰 배에 대포를 싣고 와서 쏘니 열악한 조선군이 어떻게 반격할 수 있었을까. 조선군의 대포는 성능이 떨어져 먼 거리에 있는 배를 명중시킬 수 없었고 빠르게 움직이는 배가 없어 따라가지도 못했다. 조선 조정에서는 "이제 더 이상 안 된다. 우리도 언제까지나 흥선대원군이 집권하던 때처럼 살 수는 없다. 우리도 개항을 해야 한다"라는 의견이 나오며 결국 1876년에 강화도 조약을 체결한다. 조일수호조규라고 부르는 강화도 조약은 일본 화폐의 통용을 인정하고 일본인의 치외 법권을 인정하는 등 불평등한 조약이었다.

강화도 조약을 계기로 조선은 개항을 시작하고 미국, 영국 등과도 우호 통상 조약을 맺으며 전 세계와 적극적으로 교류하는 시대로 진입하게 되지만 열부의 야심이 실제 드러나는 시기였기에 조선의 미래는 암울하기만 했다. 30여 년 뒤인 1910년 조선은 결국 일본의 식민지가 되고 말았다.

6

석탄 이후의 에너지

석탄과 석유는 인류의 역사를 바꾸었다. 하지만 석탄의 시대가 이제 저물고 있다면 석유의 시대는 아직 진행 중이다. 석탄의 시대와 석유의 시대 다음에는 무엇이 올까? 18세기에는 영국 사람들이 석탄을 활용해 큰 성공을 거두었기에 차세대 에너지는 어느 나라가 선점할 것인가 기대와 고민이 깊어지고 있다. 석탄을 비롯한 화석 연료를 태우면 필요 이상으로 많은 이산화탄소가 발생하고, 이산화탄소가 너무 많아지면 온실효과가 심해지고, 이 때문에 기후변화를 불러일으키며 많은 피해를 발생시킨다. 최근에는 기후변화 문제가 무척 심각하며 사회와 경제의 모든 분야에서 그에 대한 영향이 클 거라는 지적이 점점 더 큰 공감을 얻고 있다. 그 때문에 석탄을 비롯한 화석 연료를 대체할 수 있는 다음 에너지원에 대해 막대한 투자가 이루어지고 있다.

그렇다면 미래에는 태양광이나 풍력 같은 이산화탄소 문제에서 자유로운 에너지원을 먼저 개발한 나라가 석탄이 ▓▓▓ ▓▓▓▓ ▓ 10세기에 ▓▓▓ ▓▓▓ ▓▓▓▓ ▓▓▓▓ 올라설지도 모른다. 한국처럼 자원이 부족한 나라는 이런 변화의 시기를 굉장히 좋은 기회로 활용할 수 있다.

석탄이나 석유는 자기 나라 땅에 그 자원이 묻혀 있어야 사용할 수 있다. 하지만 재생 에너지는 대체로 무슨 자원을 갖고 있느냐보다는 그 재생 에너지를 개발할 수 있는 기술을 얼마나 갖고 있느냐가 중요하다. 자원은 없지만 기술은 발전했다고 하는 한국은 21세기의 석탄이 될 새로운 에너지원을 위한 기술에 많이 투자할 이유도 있고, 그렇게 앞서 나갈 수 있는 경쟁력도 갖고 있다.

현재 시가 총액 기준 세계에서 가장 큰 자동차 회사는 전기 자동차 생산 회사로 그 총액이 우리나라에서 가장 큰 자동차 회사보다 20배가 많다. 우리나라에서 제일 큰 자동차 회사를 다 팔아도 미국의 전기 자동차 회사 20분의 1도 못 사는 것이다. 그렇기에 미국은 전기 자동차 시장을 지배하고 있다. 이대로 가면 전기 자동차는 미국이 가장 앞서가지 않을까?

그렇다면 결국 미국 정부와 미국 기업들은 석유를 사용하는 자동차 대신 전기 자동차 세상으로 세계를 바꿔나가려 할 것이다. 그래야 미국 경제에 도움이 되고 미국의 산업 발전에 도움이 되기 때문이다. 세상이 이렇게 바뀌어간다면 석탄, 석유 대신 기후변화 시대에 유망한 다른 산업에 투자하지 않으면 경제를 유지할 수 없게 될 것이다.

중국도 가만히 있지 않는다. 세계 태양광 시장은 중국이 잡고 있다. 세계 어느 나라든 태양광을 설치할 때는 중국 제품을 써야 할 정도로 성능이 좋고 저렴하다. 중국 최고의 태양광 회사의 시가 총액은 70조에 달한다. 우리나라를 대표하는 대기업 정도가 되어야지 시가 총액이 70조 정도 되는데 중국에서는 태양광을 만드는 회사 하나가 그 정도 규모를 차지할 정도다. 그렇게 해서 중국은 세계 태양광 시장을 사실상 독점해 나가고 있다.

유럽 또한 발 빠르게 움직이고 있어서 풍력 발전에서 가장 유명한 회사는 덴마크에 있다. 이런 상황에서는 중국, 유럽 선진국 모두 석탄, 석유 대신 다른 에너지를 쓰는 세상으로 바꾸니끼리고 힐 깃이다. 그대아 지구를 보호이고 자연을 지킬 수 있기 때문이기도 하지만, 사실 그래야 자기들의 경제와 자기들의 산업 발전에 유리할 것이기 때문이다.

요즘 뉴스를 보면 RE100이라는 단어가 자주 보인다. 재생 에너지로 만든 전기(Renewable Electricity)로 회사에 필요한 전기의 100% 충당하겠다는 말이다. 이를 지키기 위해 선진국 회사들이 "우리는 재생 에너지만 100% 사용합니다"라고 선언한다. 이런 선언은 우리 회사가 환경을 사랑한다는 좋은 인상도 주지만 동시에 그만큼 앞으로도 꾸준히 돈을 잘 벌고 장기적으로 성장해 나갈 수 있는 튼튼한 회사라는 점을 알리기 위한 의미도 크다. 새로운 시대가 왔을 때 '우리는 석탄으로 세계를 지배한 영국처럼 새로운 기술 경쟁력이 있는 회사다'라는 것을 과시하기 위해 RE100을 도입한다는 뜻도 있다.

전 세계적으로 석탄의 시대가 저물고 기후변화에 대비하기 위한 기술이 부각되는 시대가 다가오고 있다. 조선 말기보다 더 빠르게 변화하는 현대사회에서 우리는 어떤 길을 선택해야 제2의 운요호 사건을 겪지 않으면서 오히려 운요호를 막아내는 기술을 갖추게 될지 고민해야 할 문제다. 석탄으로 움직이는 배가 없어서 실패한 시대를 이미 겪었는데, 수소나 태양광으로 움직이는 배가 없어서 실패하는 시대를 또 겪어서야 되겠는가?

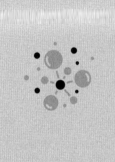

포차(투석기)

'던질 포(抛)'와 '수레 차(車)'를 써서 '포차'라고 하는 기계로 이름 그대로 대포를 날리는 기계다. 화약을 이용한 대포를 날리면 화포라 불렀고 주로 돌을 던지는 기계를 포차라고 불렀다. 커다란 돌을 던져 적의 성벽이나 군대를 공격하는 무기로 사람이 수레를 끌고 다니며 위치를 이동할 수 있었다. 포차, 투석기, 포노 등 비슷한 무기를 다양하게 부른 듯 싶다.

사설당

신라에 존재했던 네 개의 특수부대로 네 개의 특수한 기계를 설치하는 부대라고 추측한다. 각각 노당, 운제당, 충당, 석투당이라 하는데, 노당은 화살을 발사하는 기계, 운제당은 성벽을 공격하는 사다리차 같은 기계, 충당은 성문을 부수는 충차를 운영하는 부대, 석투당은 돌을 던지는 부대다.

포도당

글루코스라고 하며 생명체에서 에너지를 얻기 위해 활용하는 단당류다. 식물이나 조류가 광합성을 해서 물과 이산화탄소로부터 포도당을 만들며 인간은 탄수화물을 섭취해서 포도당을 흡수한다. 단백질 및 지방을 포도당으로 전환하기도 한다. 바테리아에서 인간까지 대부분의 생명체는 포도당을 에너지원으로 사용하며 무척 중요한 성분이지만 과하면 문제가 되는 성분이기도 하다.

엿당

영어로 말토오스라고 부르며 하나씩만 돌아다니던 포도당이 화학 반응을 일으키면서 생성되는 성분이다. 단당류인 포도당이 붙어서 만들어져 이당류라고 하며 물에 잘 녹고 단맛이 있어 물엿을 만들 때 쓰기도 한다. 보리에 싹을 틔워서 말린 엿기름에도 많이 들어 있다.

전분

전분 또는 녹말이라고 하며 포도당 여러 개가 붙어서 만들어진 다당류로 주로 식재료로 사용한다. 쌀, 밀, 곡물, 감자 등 주식으로 먹는 식물에 많이 포함되어 있다. 단맛과 질감 덕분에 과자, 빵, 음료 등에 활용하며 의약품, 화장품, 섬유를 만들 때도 사용된다.

셀룰로오스

포도당이 전분처럼 줄줄이 붙어 있는 게 아니라 지그재그로 맞물리게 붙어 있으면 셀룰로오스가 된다. 소화는 잘 안되지만 장에 좋은 성분으로 유명하며 섬유소라고도 부른다. 채소에 많이 함유되어 있다.

레이온

인조 견사, 인견이라고도 하며 비단실과 비슷하다고 해 이런 이름이 붙었다. 목재 펄프에서 섬유소를 재생시켜 만든 섬유라 재생 섬유라고도 한다. 부드럽고 공기가 잘 통해서 여름 옷감으로 많이 사용한다.

합성 섬유

섬유는 크게 비단, 모시 등의 천연 섬유와 나일론, 폴리에
스테르 등의 인조 섬유로 나뉘는데 인조 섬유 중에서도 화
학적 방법으로 중합된 합성고분자로 만든 섬유를 뜻한다.
폴리에스테르, 아크릴 등이 대표적이며 가격이 저렴하고
사용감이 좋아 다양하게 활용한다.

탄소 섬유

카본으로 만든 섬유를 뜻한다. 흑연을 가는 실처럼 뽑은 뒤
줄처럼 꼬아서 섬유로 만들어 활용하는데, 무게가 가볍고
금속보다도 단단해서 항공기, 자동차, 자전거 등 다양하게
활용한다.

카본

탄소를 말한다. 탄소는 석탄, 흑연, 다이아몬드를 이루는

성분이며 현재는 플라스틱 등의 화합물에도 사용하고
있다.

공산 전투

927년에 지금의 대구 팔공산 근처에서 고려의 왕건과 후백
제의 견훤이 싸웠던 전투로 경주를 공격한 견훤과 신라를
돕기 위해 출정한 왕건이 맞붙은 전투였다. 견훤은 미리 군
사를 대기시켜 개경에서 달려온 왕건을 공격했고 말을 끌
고 급하게 온 왕건은 제대로 방어하지 못해 크게 패배하고
말았다. 많은 고려 장수가 전사했으며 왕건만이 겨우 몸을
피해 도망쳤다.

미오신

실처럼 이루어진 근섬유의 바탕이 되는 물질로 근육 수축
을 일으키는 단백질로 유명하다. ATP를 가수 분해해 에너
지를 얻어 근육의 수축과 이완에 중요한 역할을 한다. 근육
단백질의 40% 이상을 차지한다.

아데노신 삼인산ATP

아데노신에 인산기가 세 개 달렸다고 해서 아데노신 삼인
산이라고 부르며 지구에 사는 거의 모든 생명체가 생명 활
동을 위한 에너지로 사용하는 성분이다.

지구력 가설

하버드대학교의 리버먼 교수가 제안한 가설로 사람은 두
뇌기 뒤에니시 오랫동인 실이님이 빈성했으며 순간직으로
강한 힘을 낼 수는 없지만 끈기 있게 오랫동안 힘을 내는
지구력이 그 어떤 동물보다 강하다는 뜻이다. 동물을 오랫
동안 쫓아가서 공격할 수 있는 등 인간은 약해 보이지만 지
구력이 있기에 번성할 수 있었다.

상전이

어떤 물질이 온도, 압력 등으로 인해 기체에서 액체로, 액
체에서 기체로, 고체에서 액체로 변하는 현상을 말한다. 인
간이 땀을 흘리면 땀의 성분인 물이 증발하면서 열을 빼앗

아 액체에서 기체로 변하는데 이 과정을 통해 체온이 높아졌을 때 땀을 흘려 체온을 효과적으로 떨어뜨린다.

세균 측정기

어떤 부분에 눈에 보이지 않는 세균이 얼마나 많이 있는지 개수를 세는 것이 아니라 생물이 움직이는 에너지인 ATP를 측정해 세균이 얼마나 많은지 측정한다.

태봉

901년 궁예가 세운 나라로 철원을 수도로 해 한반도 가운데 큰 부분을 차지했다. 원래 고구려의 유지를 따른다는 뜻으로 세운 나라로 국호를 고려라 했으나 904년에 마진으로 바꿨고 911년 다시 태봉으로 고쳤다. 궁예의 잔인함으로 인해 결국 부하였던 왕건이 반역을 일으켜 고려의 태조가 되었다.

후백제

900년 견훤이 세운 나라로 전주를 수도로 해 현재의 전라도 일대를 차지했다. 견훤은 신라의 경애왕을 죽이고 경순왕을 세우는 등 점차 세력을 넓혀갔으나 결국 아들과의 불화로 인해 쫓겨나고 왕건의 도움을 받아 후백제를 멸망시킨다.

고려

918년 왕건이 건국했으며 후삼국을 통일한 왕조로 수도는 지금의 개성인 개경이다. 중국, 일본, 아라비아까지 오가며 활발하게 무역 활동을 했으며 자유로운 종교와 아름다운 예술이 발달했다. 말기에는 몽골군의 침입으로 원나라의 부마국이 되었고 왜적의 침입 등으로 쇠퇴하다가 이성계의 반역으로 멸망한다.

어진

왕의 얼굴을 그린 초상화로 특히 조선에서는 심혈을 기울여 화공을 선별해 어진을 남겼다. 어진을 제작하는 과정에 대해서는 기록이 남아 있지만 작품으로는 전주 경기전의 태조어진, 서울 창덕궁의 영조어진과 철종어진 등 몇 점 남지 않았다.

사불가론

고려 시대 말 우왕이 이성계 장군에게 요동 정벌을 명하자 네 가지 이유로 정벌에 반대한다. 이를 사불가론이라 하는데 첫 번째는 작은 나라가 큰 나라를 공격하는 것은 위험하다, 두 번째는 여름철에 군사를 일으키는 것은 좋지 않다, 세 번째는 이 틈을 타 왜구나 도적이 고려를 침략할 수 있다, 네 번째는 장마철이라 활의 교가 풀어진다였다. 결국 이성계 장군은 요동 정벌을 가는 길에 위화도에서 회군했고 조선을 건국한다.

각궁

조선 시대에 병사들이 쓰던 활 중에 가장 성능이 좋다고 평가하는 활로 쇠뿔을 사용해 각궁이라 불렀다. 물소의 뿔, 나무, 소의 힘줄 등을 천연 접착제로 조합해 만든 합성궁이다. 활시위를 풀면 동그랗게 말리는데 그만큼 탄성이 강한 것이 장점이다. 길이가 짧은 편이라 말 위에서 쓰기도 좋았다. 하지만 재료를 구하기가 어렵고 만드는 시간이 오래 걸리는 것이 단점이었다.

아교

아교와 부레풀을 함께 일컫기도 하며, 각각을 말하기도 한다. 아교는 주로 동물의 가죽이나 창자, 뼈를 삶아서 나오는 액체로 만든 접착제를 말하며 예전에는 가구를 붙이거나 지혈제 등으로 활용했다. 지금은 그림을 그릴 때 물감의 접착성을 높이기 위해 사용한다.

부레풀

물고기의 부레를 말렸다가 삶아서 진득진득한 성분만 뽑아낸 것을 부레풀이라 하며 특히 민어의 부레를 사용했다.

아교보다 접착력이 좋아서 목공예품을 만들거나 활을 만들 때 주로 사용했다. 접착력은 좋지만 물로 씻어내면 잘 지워졌기 때문에 장식품을 만들 때 이용하기가 좋았다고 한다.

콜라겐

동물의 피부, 혈관, 뼈 등에 존재하는 단백질로 특히 포유류의 살과 결합조직을 구성한다. 신체에 존재하는 단백질 중 25~35% 정도를 차지할 정도로 풍부하다. 우리가 흔히 영양제로 접하는 단백질이기도 하며 진득진득하게 달라붙는 성질이 있어서 젤라틴이나 접착제 등으로 활용한다.

젤라틴

콜라겐을 뜨거운 물로 처리해 가공한 단백질의 일종으로 주로 요리를 진득진득하거나 탱글탱글하게 만들기 위해 사용한다. 투명하며 탄성이 있으나 영양 가치는 크지 않다. 젤리, 푸딩, 마시멜로 등에 넣어 독특한 질감을 만든다.

플라스틱

열을 가하면 마음대로 변형시킬 수 있는 물질과 그 혼합물을 말하며 현대사회에서는 합성 섬유, 병, 튜브, 장난감 등 수많은 물건에 다양한 방식으로 사용되고 있다. 1907년 리오 베이클랜드(Leo Baekeland)에 의해 처음 개발되었으며 석유 화학의 발전과 함께 급격히 발달했다. 플라스틱 쓰레기는 자연 분해에 시간이 오래 걸리기 때문에 재활용하거나 줄이는 데 집중하고 있다.

탄소 복합 재료

탄소 섬유, 활성 탄소, 인조 흑연 등 탄소 소재와 플라스틱 수지 등을 혼합해 기능을 강화한 재료로 가볍고 튼튼해서 무기를 만들거나 항공용 부품을 만들 때도 사용할 정도다. 기능이 점차 발전하고 있어 우리나라에서도 새롭게 각광받는 산업이기도 하다.

병인양요

1866년 병인년에 서양 세력이 일으킨 난리라는 뜻으로, 천주교 신부를 처형한 것에 항의하기 위해 프랑스군이 강화도를 공격한 사건이다. 결국 프랑스군은 조선군에 패해 퇴각했으나 강화행궁과 문수산성을 불태우고 수많은 문화재를 약탈했다.

신미양요

1871년 신미년에 서양 세력이 일으킨 난리라는 뜻으로, 개항을 목적으로 온 미국군이 강화도를 공격한 사건이다. 미국은 강제로 조선을 개항시키고자 했으나 조선군의 격렬한 저항으로 퇴각하고 만다. 조선군의 인명 피해가 컸던 사건이다.

운요호 사건

1875년 증기 기관으로 움직이는 일본 군함 운요호가 영종도를 공격한 사건이다. 60여 명의 일본군이 민간인을 학살

하고 성내에 불을 질렀으나 일본은 오히려 사건을 왜곡해 불평등 조약인 강화도 조약을 체결하게 만든다. 이후 일본의 야욕이 한반도를 삼키기 시작한다.

증기선

석탄으로 물을 끓여 발생한 수증기로 에너지를 얻는 증기 기관이 달린 배를 말한다. 노를 젓는 사람이 필요 없고 속도가 빠르고 바람에 영향을 받지 않기에 획기적인 발명이었다. 석탄의 시대를 넘어 제국주의의 시대로 돌입하는 시작점이 된다.

석탄

지금으로부터 3~4억 년 전의 고생대 식물이 땅에 묻힌 뒤 열과 압력으로 탄화되어 만들어진 암석이다. 주로 탄소로 이루어져 있으며 적은 양으로도 많은 에너지를 내서 옛날부터 유용한 에너지원으로 사용했다. 18세기 영국에서 채굴 기술과 함께 증기 기관이 발명되며 화석 에너지의 시대를 열었다.

탄소

모든 생물체의 기본 요소가 되는 원소로 원자번호 6번, 원소기호 C다. 인간에게는 산소 다음으로 많은 질량을 차지하고 있으며 대기 중에는 이산화탄소로 존재하고 지각에서는 석탄, 흑연, 흔하지 않지만 다이아몬드 등으로 존재한다. 산업혁명을 지나며 석탄, 석유 등 화석 에너지를 주로 사용하게 되었는데 그로 인해 대기 중 이산화탄소 농도가 높아지며 기후변화 문제가 생겼다.

산업혁명

18세기에 영국에서 시작된 기술의 혁신으로 인한 사회경제적 변화를 모두 일컫는다. 방적기, 증기 기관 등 기계의 발전에서 시작해 물건의 대량 생산, 공업화로 경제가 변화하는 과정을 거쳐 농업혁명까지 일어나며 전 부문에서 이전과는 다른 형태의 산업이 발달한다. 유럽에서 기술이 빠

르게 발전하면서 다른 대륙을 식민지화하는 제국주의의
발판이 되기도 했다.

태양광 에너지

태양에서 나오는 에너지를 전기 에너지로 바꾸는 에너지
로, 더 자세하게 구분하면 태양광 에너지와 태양열 에너지
로 나뉜다. 화석 에너지를 쓰지 않는 친환경 에너지이며 태
양이 에너지원이다 보니 무제한 사용할 수 있다는 장점이
있지만 초기 비용이 많이 든다는 단점이 있다.

RE100

2050년을 목표로 기업들에서 에너지 전력의 100%를 재생
에너지로 사용하겠다는 세계적인 캠페인이다. 탄소를 발
생시키지 않는 친환경 에너지를 사용해 탄소 배출을 감소
하고 친환경 에너지의 안정성을 높이기 위해 시작되었다.
구글, 애플 등 수많은 글로벌 기업이 참여했으며 우리나라
에서도 가입이 증가하고 있다.

‖ 참고 문헌 ‖

국사편찬위원회. "조선왕조실록." 국사편찬위원회 조선왕조실록 정보화사업 웹사이트.

강석화. "신미양요와 강화도 방위체제의 변화." 기전문화연구 39, no. 2 (2018): 85-97.

강신엽, 김대중, 김성태, 박재광, 장필기. "한국문화사, 14. 나라를 지켜낸 우리 무기와 무예." 두산동아 (2007).

구범진. "병자호란 시기 강화도 함락 당시 조선군의 배치 상황과 청군의 전력." 동양사학연구 141 (2017): 317-353.

권태성. "현대차, 2개 분기 연속 테슬라 영업이익 추월…주가수익률은 3분의 1." 이투데이 2023-07-04 (2023).

김근배. "50~ 60년대 북한 리승기의 비날론 공업화와 주체 확립." 역사비평 (2015): 111-131.

김도경, 주남철. "화성성역의궤를 통한 공포부재의 용어에 관한 연구 (Study on the bracket-system terms of Hwasongsongyouk-eugye)." 대한건축학회 논문집 10, no. 1 (1994): 85-91.

김명준. "신숭겸에 대한 문학적 초상의 성립과 수용 양상, 그리고 그 의미 – 예종의 〈도이장가〉·〈도이장시〉와 정조의 치제시를 중심으로." 고전과 해석 25 (2018): 45-70.

김명진. "고려 태조 왕건의 기병 운영에 대한 검토." 군사 101 (2016): 397-427.

김부식, 이병도(번역). "삼국사기." 을유문화사, 25/JUL/1996 (1996).

김성준. "엔인 (円仁) 의 [입당구법순례행기(入唐求法巡禮行記)] 에 기록된 선박부재(船舶部材)'녹口(搙口)'에 대한 비판적 고찰." 역사학연구 (구 전남사학) 72 (2018): 205-233.

김양수. "조선후기 譯官의 중개무역과 倭館維持費." 역사와실학 32 (2007): 639-671.

김종서 등, 민족문화 편집부(번역). "국역 고려사." 민족문화 (1451)

김종서 등, 이재호 등(번역), "고려사절요." 한국고전번역원 공개본 (1452)

김철현. "2022년 국내 에너지 소비." 국내에너지통계종합정보시스템, 에너지브리프 2023년 4월호 (2023).

김효대, 오영세, 김준호. "고강력 PVA 섬유의 개발 동향." Polymer Science and Technology 15, no. 1 (2004): 12-19.

남인식. "[509년전 오늘 - 축산 소식107] 조선 최초의 수입 외래 종 물소(水牛)는 어떻게 적응에 실패하였나?." Farminsight (2018): 2018-12-16.

노영구. "중앙 軍營과 지방군을 통해 본 조선 후기 국방체제의 변화 양상." 장서각 33 (2015): 60-84.

대니얼 리버먼, 김명주(번역). "우리 몸 연대기 - 유인원에서 도시인까지, 몸과 문명의 진화 이야기." 웅진지식하우스 (2018).

대한석탄공사. "석탄공사50년사." 대한석탄공사 (2001).

문광균. "조선후기 雙樹山城의 군사편제와 병력운영." 사학연구 121 (2016): 235-269.

문안식. "신숭겸의 出自와 후삼국 통일 전쟁기의 활약." 신라사학보 36 (2016): 211-255.

박지현. "임금의 얼굴 '어진' 인스타에서 찾으세요." 파이낸셜뉴스 (2020): 2020-10-22.

박한민. "1875년 운요함(雲揚艦)의 조선 연안 정탐 활동과 신문보도." 한국사연구 202 (2023): 275-316.

박현모. "이성계의 위화도회군에 나타난 리더십 모멘트 연구." 한국정치연구 21, no. 2 (2012): 223-246.

석준장, 연준윤, 종현원, 현도윤. "Effects of Repaired Thickness and Method on Adhesion Performance of Silicone Polymer Structural Sealant." Journal of the Korean Society of Hazard Mitigation 16, no. 1 (2016): 1-7.

송영대. "고구려 원정에 나타난 隋·唐의 공성전술." 한국고대사연구 107 (2022): 193-232.

송영대. "[삼국사기]를 통해 본 6~7 세기 신라의 무기 체계." 사학연구 117 (2015): 39-83.

송현진, 김정원, 김웅진, 송명신. "2P-82: 가교 결합된 PVA 를 이용한 친환경 목재 접착제의 특성." 한국공업화학회 연구논문 초록집 2014, no. 1 (2014): 224-224.

송홍근. "KAI 사천공장을 가다 - 민수·군수·항공정비 세 날개로 제2 도약 준비 완료!" 신동아 (2019): 2019-07-07.

연동수. "신경 교차 문합이 지근 및 속근의 미토콘드리아 함량과 산소 소모량에 미치는 영향." PhD diss., 연세대학교 대학원, 1989.

오기승. "여말선초 화약 및 관련기술의 '국산화'에 대한 체계적 재구성." 역사와현실 123 (2022): 57-102.

윤미라, 오세관, 이정희, 김대중, 최임수, 이점식, 김정곤. "쌀 품종의 아밀로오스 함량에 따른 호화 및 취반 특성 비교." 한국식품영양학회지 25, no. 4 (2012): 762-769.

윤훈표. "이제현의 [김공행군기] 와 [태조실록] [총서] 의 고려말 이성계의 전투 기록과의 비교 분석: 중세 저재사 기술이 인처 창기의 그 ㅇ ㅎ." 역사와실악 63 (2017): 5-49.

이경진, 김정희. "PVA 도포 종이를 응용한 미술의상 연구." 한국패션디자인학회지 5, no. 1 (2005): 85-96.

이상윤, 김신한, 손현옥, 천신욱, 송재석, 조한경. "5년간 경험한 사마귀 환자의 임상적 고찰 (2007 ~ 2011)." 대한피부과학회지 51, no. 8 (2013): 593-599.

이상훈. "이성계의 위화도 회군과 개경 전투." 국학연구 20 (2012): 241-272.

이상훈. "661년 북한산성 전투와 김유신의 대응." 국학연구 31 (2016): 307-344.

이연빈. "6~7세기 고구려의 쇠뇌 운용과 군사적 변화." 군사 77 (2010): 61-86.

이영. "홍무제(洪武帝)의 화약(火藥)·화포(火砲) 지원과 고려 수군의 재건." 동북아시아문화학회 국제학술대회 발표자료집 (2016): 216-228.

이영학. "18세기 [화성성역의궤(華城城役儀軌)] 에 나타난 조선의 사회상." 역사문화연구 64 (2017): 83-111.

이유진. "圓仁의 入唐求法과 동아시아 인식." 동양사학연구 107 (2009): 1-30.

이인성. "영양식이요법과 심신의 관계." 한국정신과학회 학술대회논문집 16 (2002): 104-112.

이장존, 박석환, 한민수, 임성태, 김재환. "태안 마도 1호선 선체 출토 석탄의 열적 특성 및 석탄회 분석." 대한지질학회 학술대회 (2013): 215-215.

이장존, 박석환, 임성태, 한민수. "고려시대 선체출토 석탄의 재료학적 특성 및 국산 석탄과의 비교 연구." 보존과학회지 29, no. 4 (2013): 345-354.

이종민. "철의 종류." 포스코경영연구원, 철 이야기, 21/SEP/2009.

이창섭. "11세기 초 동여진 해적에 대한 고려의 대응." 한국사학보 30 (2008): 77-109.

일연, 김희만 등(번역). "삼국유사." 국사편찬위원회 한국사데이터베이스.

정덕기. "6~7세기 신라 병부의 조직정비와 병마행정의 변화." 한국고대사탐구 30 (2018): 41-84.

정순조, 김수미, 이동희, 강상모. "근막이완 마사지가 중년여성의 피부에 미치는 영향." 대한피부미용학회지 7, no. 2 (2009): 11-22.

최석규, 옥광. "국궁의 전통적 가치에 대한 소고." 무예연구 4, no. 1 (2010): 17-30.

한규상, 정혜정, 윤지현, 백만기. "현미밥의 식미 향상을 위한 곡류 혼합비의 최적화." 동아시아식생활학회지 22, no. 6 (2012): 782-794.

한성주. "고려시대 東女眞 · 東眞兵의 강원지역 침입에 대하여:'東女眞海賊'의 침입을 중심으로." 인문과학연구 30 (2011): 221-253.

홍창우. "[삼국사기]의 궁예 가계 및 출생 관련 정보에 대한 후대의 수용 방식 문제." 한국사연구 199 (2022): 53-91.

한보경. "608년 北漢山州 전투 고찰." 한국사학보 58 (2015): 33-64.

Clark, Gregory, and David Jacks. "Coal and the industrial revolution, 1700-1869." European review of economic history 11, no. 1 (2007): 39-72.

Liu, Ming, Anne S. Meyer, Dinesh Fernando, Diogo Alexandre Santos Silva, Geoffrey Daniel, and Anders Thygesen. "Effect of pectin and hemicellulose removal from hemp fibres on the mechanical properties of unidirectional hemp/epoxy composites." Composites Part A: Applied Science and Manufacturing 90 (2016): 724-735.

Liu, Ming, Dinesh Fernando, Geoffrey Daniel, Bo Madsen, Anne S. Meyer, Marcel Tutor Ale, and Anders Thygesen. "Effect of harvest time and field retting duration on the chemical composition, morphology and mechanical properties of hemp fibers." Industrial Crops and Products 69

(2015): 29-39.

Manocha, Lalit M. "High performance carbon-carbon composites." Sadhana 28 (2003): 349-358.

McCarthy, J. "Man v horse: Powys race won by runner Ricky Lightfoot." BBC News (2022): 12 June 2022.

Minchinton, Walter. "The rise and fall of the British coal industry: a review article." VSWG: Vierteljahrschrift für Sozial-und Wirtschaftsgeschichte 77, no. H. 2 (1990): 212-226.

Osterman, Mark. "The technical evolution of photography in the 19th century." The Concise Focal Encyclopedia of Photography (2013): 5-16.

Singh, A. P., C. R. Anderson, J. M. Warnes, and Junji Matsumura. "The effect of planing on the microscopic structure of Pinus radiata wood cells in relation to penetration of PVA glue." European Journal of Wood and Wood Products 60, no. 5 (2002): 333-341.

Soderlund, K., and E. R. I. C. Hultman. "ATP and phosphocreatine changes in single human muscle fibers after intense electrical stimulation." American Journal of Physiology-Endocrinology and Metabolism 261, no. 6 (1991): E737-E741.

Taylor, Arnold Joseph. "Combination in the Mid-Nineteenth Century Coal Industry." Transactions of the Royal Historical Society 3 (1953): 23-39.

Wei, Jianqiang, and Christian Meyer. "Degradation mechanisms of natural fiber in the matrix of cement composites." Cement and concrete Research 73 (2015): 1-16.

Wickliff, Gregory A. "The daguerreotype and the rhetoric of photographic technology." Journal of Business and Technical Communication 12, no. 4 (1998): 413-436.

Windhorst, Torsten, and Gordon Blount. "Carbon-carbon composites: a summary of recent developments and applications." Materials & Design 18, no. 1 (1997): 11-15.

Wolkenhauer, Arndt, Holger Militz, and Wolfgang Viöl. "Increased PVA-glue adhesion on particle board and fibre board by plasma treatment." European Journal of Wood and Wood Products 66, no. 2 (2008): 143-145.

World Nuclear Association. "Heat Values of Various Fuels." World Nuclear Association, https://world-nuclear.org/information-library/facts-and-figures/heat-values-of-various-fuels.aspx (2023년 12월 14일 확인).

王冬珍. "墨子生平事蹟探研." 國立臺灣師範大學研究發展處 (1979)

KI신서 11615
곽재식의 속절없이 빠져드는 화학전쟁사

1판 1쇄 인쇄 2023년 12월 18일
1판 2쇄 발행 2024년 10월 21일

지은이 곽재식·김민영
펴낸이 김영곤
펴낸곳 ㈜북이십일 21세기북스

인생명강팀장 윤서진 인생명강팀 박강민 유현기 황보주향 심세미 이수진
디자인 김지혜
출판마케팅영업본부장 한충희
출판마케팅팀 한충희 남정한 나은경 한경화 최명열
영업팀 변유경 김영남 전연우 강경남 최유성 권채영 김도연 황성진
제작팀 이영민 권경민

출판등록 2000년 5월 6일 제1406-2003-061호
주소 (10881) 경기도 파주시 회동길 201(문발동)
대표전화 031-955-2100 팩스 031-955-2151 이메일 book21@book21.co.kr

(주)북이십일 경계를 허무는 콘텐츠 리더

21세기북스 채널에서 도서 정보와 다양한 영상자료, 이벤트를 만나세요!
페이스북 facebook.com/jiinpill21   **포스트** post.naver.com/21c_editors
인스타그램 instagram.com/jiinpill21   **홈페이지** www.book21.com
유튜브 youtube.com/book21pub

서울대 가지 않아도 들을 수 있는 명강의! 〈서가명강〉
'서가명강'에서는 〈서가명강〉과 〈인생명강〉을 함께 만날 수 있습니다.
유튜브, 네이버, 팟캐스트에서 '서가명강'을 검색해보세요!

ⓒ곽재식, 2024

ISBN 979-11-7117-301-3 04300
      978-89-509-9470-9 (세트)